역전문학
서울역 야생화

역전문학, 서울역 야생화

1판 1쇄 2025년 9월 25일

지은이 박경장
펴낸이 주정관

편집주간 이지안
디자인 정혜린
경영지원 김은경

펴낸곳 더좋은책   **등록** 제2020-000287호 (2011. 11. 25.)
주소 서울특별시 영등포구 양산로91 리드원센터 1303호
전화 02-332-5281   **팩스** 02-332-5283
홈페이지 www.ebookstory.co.kr   **이메일** bookstory@naver.com

ISBN 978-89-98015-58-9 03800

이 책은 저작권법에 따라 보호를 받는 저작물이므로 무단전재와 복제를 금합니다.
잘못된 책은 구입하신 서점에서 교환해 드립니다.

※ '더좋은책'은 도서출판 북스토리의 임프린트입니다.

역전문학

서울역 야생화

박경장 지음

좋은땅

목차

작가의 말   6

1부 밥은 비통한 것이다

1. 밥은 비통한 것이다   10
2. 눈사람   15
3. 화해   18
4. 잠자리   25
5. 존재, 참을 수 없는 가벼움 혹은 무거움   30
6. 와카레노 타비(別れの旅に)   39
7. 내가 누군지 말해주세요   50
8. 침향(沈香)   56
9. 조치문(弔齒文): 슬픈 치아 이야기   62
10. 정말 변하나요?   67
11. 여름이 저무는 소리   76
12. 숙제귀신   83
13. 수백과 촌놈   94
14. 무연고라니?   103
15. 나는 살아 있다   109

2부 서울역 야생화

1. 북어와 가재미   122
2. 쌍골병죽 바람 소릿길   135
3. 서울역 야생화   143
4. 바늘귀   156
5. 봄 여름 가을 겨울 그리고 봄   163
6. 거울 속의 나   170
7. 리슨(Listen)!   175
8. 웃음을 가르치는 노숙 아저씨   180
9. 선우사(膳友辭)   184
10. 눈빛, 눈빛들   191
11. 인생은 추억으로 쪼그라든다   196
12. 행간을 써라   205
13. 행복의 무게   211
14. 학장님, 우리들의 학장님   218
15. 이런 졸업식 보셨나요?   222
16. 서울역 연가(戀歌)   237

작가의 말

『역전문학, 서울역 야생화』는 필자가 '성프란시스대학 인문학 과정'에서 18년간 글쓰기 교수로 재직하며 '가난한 자의 문학'에 대해 성찰한 기록이다. 성프란시스대학 인문학 과정은 2005년 9월에 대한성공회 유지재단인 노숙인 종합복지시설 다시서기센터 내에 신설돼 올해로 20년째 된 노숙인을 위한 우리나라 최초의 인문학 과정이다. 문학, 역사, 철학, 예술사, 글쓰기 다섯 과목을 일주일에 3일, 과목당 2시간씩, 한 학기 15회, 1년 총 30회로 구성돼 있다.

이 인문학 과정을 통해 노숙인 학생은 가족, 친구, 동료

등 모든 인간관계의 단절로 바닥난 '자존감(自尊感) 회복'을 모색한다. 자존감 회복은 당연히 자존(自存), 즉 '나는 누구인가'에 대한 물음과 성찰에서부터 찾아져야 하는데, 그건 바로 인문학의 내용이고 방법이다. 학교와 텍스트에 갇힌 인문학이 거리의 삶으로 내려와 인간학이 되는 현장이 바로 성프란시스대학 인문학 과정이다. 이 과정에서 진정한 수혜자는 20년 동안 대학 강단에서 '죽은 인문학'을 가르치다 마침내 서울역 거리에서 '산 인간학'을 배운 필자 자신이다.

필자는 인생에서 가장 여문 시기인 40대 말에서 60대 중반까지 서울역 거리 선생님들과 인문학을 매개로 함께 보냈다. 작문 선생으로, 한 끼 밥을 나누는 식구로, 성프란시스 동문가족으로, 길을 물으며 함께 걷는 도반으로, 더없이 행복한 18년을 보냈다. 고백컨대 그들로 인해 필자는 '구원을 받았다.' 그들을 만나지 못했더라면 필자의 삶은 결코 지금처럼 의미 있는 삶이 되지 못했을 것이다. 그들은 내 삶의 진정한 '구원자'다.

2020년, 이 과정을 졸업한 동문들의 글을 모아 『거리에 핀 시 한 송이 글 한 포기』(삼인) 책을 펴냈다. 이 책은 문학성을 인정받아 2021년 제70회 서울시문화상(문학부문)을 받았다. 『역전문학, 서울역 야생화』 제1부 '밥은 비통한 것이다'는 이 책에 실린 글 중 일부를 골라 그 글에 얽힌 사연과 해설을 바탕 삼아 쓴 '가난한 자의 문학'에 대한 성찰이다. 제2부 '서울역 야생화'는 18년간 그들로부터 필자가 느끼고 깨달은 산 인간학에 대한 기록이다.

넘어진 자는 반드시 바닥을 짚고 일어서야만 한다. 글쓰기 교수로서 필자가 그들에게 건넨 것은 지팡이가 아닌 거울이었다. 마주하고 싶지 않아 피하고 살아왔던 '자신'과 마주하도록 돕는, '글쓰기'라는 이름의 거울. 『역전문학, 서울역 야생화』는 그 마주침을 통해 다시 일어선 거리 노숙인 문학에 대한 평설이며, 서울역전(驛前) 거리에서 시작된 인간학이 인생역전(逆轉)의 희망으로 이어지는 눈 시린 풍경이다.

1부

밥은 비통한 것이다

밥은 비통한 것이다

성프란시스대학 인문학 과정 글쓰기 교수로 부임한 2008년 첫해, 4기 권일혁 선생을 만났다. 당시 선생은 이미 센터 실무자들 사이에서 유명한 인물이었다. 그런 그가 입학지원서 마감일, 술에 잔뜩 취한 채 센터로 찾아와 "나 인문학 하고 싶소"라고 말했다. 그렇게 선생과의 인연이 시작됐다.

선생은 얼굴에 짙은 흉터가 있어 어디서든 눈에 띄었다. 그러나 외모보다 더 두드러진 것은 사람들을 사로잡는 그의 달변이었다. 선생의 달변 뒤에는 수십 년 동안 외판원으로 일했던 경력이 있었다. 얼굴 흉터는 옛날 돈가방을 노린 강도의 흉기에 맞아 생긴 것이라고 했다.

"교수님, 어떻게 하면 글을 잘 쓸 수 있습니까?"

"그냥, 많이 쓰세요."

'그냥 많이 쓰세요'라는 나의 말을 선생은 금과옥조처럼 가슴에 새기고 PC방에서 밤을 새우며 글을 썼다. 그가 쓴 시는 어림잡아 1,500여 편에 달한다.

시 <빗물 그 바아압>은 그중 하나다.

빗물 그 바아압

권일혁

장대비 속에 긴 배식줄

빗물 바아압

빗물 구우욱

비이무울~ 기이임치이~

물에 빠진 생쥐새끼라 했던가

물에 빠져도 먹어야 산다

이 순간만큼은
왜 사는지도 호강이다
왜 먹는지도 사치다
인간도 네 발 짐승도 없다
생쥐도 없다
오직 생명뿐이다
그의 지시대로 행위할 뿐
사느냐 죽느냐 따위는 문제가 아니다
오로지 먹는 것
쑤셔 넣는 것
빗물 반 음식 반 그냥 부어 넣는 것

이 시를 처음 접했을 때 느꼈던 난데없는 '찌름'의 통각이 아직도 생생하다. 정지한 사진에서 화살처럼 튀어나와 가슴을 찌르고 상처를 입히며 마술처럼 사로잡는 어떤 강력한 힘. 롤랑 바르트가 '푼크툼punctum'이라 명명한 '찌름.' '밥', '국', '김치'가 '바아압', '구우욱', '기이임치이'로 빗물에 불더니, '먹는 것', '쑤셔 넣는 것', '부어 넣는 것'으로 평면을 튀어나와 화살처럼 박히는 '찌름.' 다시 읽는데 살아나는 통증이 아직도 얼얼하다.

하루는 선생이 수업 중에 불쑥 일어나 말했다.
"교수님, 명색이 대학인데 왜 우리 학교는 스승의 날이 없나요? 전 지금부터 9월 4일을 성프란시스 스승의 날로 정했으면 합니다. 감사의 날, 감을 네 개 사서 스승에게 드리는 날. 9월 4일."

그로부터 꼭 1년 뒤인 9월 4일, 나를 찾아온 선생은 교사 입구 계단에서 수업이 끝날 때까지 기다렸다가 나를 호프집으로 데려갔다.
"제가 오늘 자활 월급 탔답니다. 사장님! 여기 맥주 오백 두 잔 하고, 치킨 한 마리요."

주문하는 소리가 어찌나 컸던지 주변 사람들이 모두 우릴 쳐다봤다.
"지금 제가 얼마나 행복한지 교수님은 상상조차 못할 겁니다. 이곳은 제가 아무리 돈을 보여주고, 나도 돈 있다고 들어와 맥주 한 잔 하려 해도 문전박대 당했던 곳이에요. 그런데 교수님과 이렇게 당당하게 들어와 내 돈 내고 주문을 하다니······."

 그날 나는 맥주 반, 눈물 반 그냥 부어 넣었다.

 치킨 반 쑤셔 넣었다.

눈사람

2009년 초겨울, 안도현의 시 〈너에게 묻는다〉*를 칠판에 썼다.

연탄재 함부로 발로 차지 마라
너는
누구에게 한 번이라도 뜨거운 사람이었느냐

짧게 시를 감상하고는 선생님들에게 연탄에 얽힌 추억담을 풀어놓으라 했다. 그때 문재식 선생의 시 〈눈사람〉을 만났다.

눈사람

문재식

연탄재 굴려 눈사람 하나 만든다
싸리 빗자루에서 눈 하나 코 하나 미소 하나 가져왔다
손마디마다 하얀 눈가루 선명한데
뒤돌아본 내 발자국은 눈사람이 가져가버렸다

이 시가 떠오른 것은 2011년 1월 말경 서울로 향하는 차 안에서였다. 6기 졸업여행을 출발하려던 때였는데, 새벽에 문 선생이 지병인 암으로 돌아가셨다는 소식을 들었다.

문 선생은 40대 초반으로 중키에 유난히 얼굴이 하얬다. 자활로 인문학 주방 일을 맡았는데, 술 한잔 입에 안 대고 하루도 거르지 않고 1년 동안 20여 명의 밥을 해냈다. 일하는 중간중간 허리가 조금 불편하다며 자주 의자에 앉아 쉬곤 했다.

이혼 후 혼자 사는 선생은 중학생 아들 하나를 두었는데, 심한 사고로 몇 달째 병원에 누워 있었다. 선생은 자활로 번 돈을 모두 아들의 병원비로 대고 있었다. 조용했던 선생은 입학 전부터 척추암을 앓고 있었지만, 돌아가시기 전까지 아무도 알지 못했다.

결국 <눈사람>은 선생의 유고시가 되었다. 성장해 20대 중반이 됐을 선생의 아들이 이 시를 읽는다면 어떻게 읽을까. 아빠 눈사람에 '( )' 눈덩이를 뭉쳐 이렇게 읽지 않을까.

눈사람 (가족)

문재식

연탄재 굴려 (아들)눈사람 만든다
싸리 빗자루에서 (엄마)눈 하나 (아들)코 하나
(아빠)미소 하나 가져왔다
손마디마다 하얀 눈가루(가족) 선명한데
뒤돌아본 (아빠)발자국은 (아들)눈사람이 가져가버렸다

● 안도현, 『외롭고 높고 쓸쓸한』, 문학동네, 2011, 11쪽.

화해

8년 전 글쓰기 수업시간에 '내가 제일 싫어하는 단어 셋'을 노트에 적어보라고 했다. 그중 화인처럼 내 가슴에 새겨진 단어 셋을 지금도 잊을 수 없다.

'여자', '엄마', '새엄마'.

먼저 그 단어를 왜 싫어하게 됐는지 그 까닭을 말해보고, 화도 내보고, 기타 하고 싶은 말이면 무엇이든 마음껏 해보라고 했다. 그런 다음 자신이 했던 말들을 그대로 글로 적어보게 했다. 이를 통해 그 단어들과 화해하기를 바랐다.

하지만 그 불꽃 같은 세 단어를 쓴 선생은 수업 내내 창문 밖을 바라볼 뿐 단어와 화해하기를 거부했다. 그 수업 뿐만 아니라 한 학기 글쓰기 수업 내내 수업은 성실하게 참여하면서도 글 쓰는 건 무엇이든 거부했다. 물어봐도 "그냥 안 씁니다. 써 본 적이 없습니다"가 대답의 전부일 뿐, 이유 있는 답변을 들을 수는 없었다. 다만 어느 수업시간엔가 노트에 무언가를 끄적이기에 다가가 보니 만화를 그리고 있었다.

"어? 그림을 잘 그리시네요."

"잘은요. 뭐."

"그림 그리는 거 좋아하시나 봐요."

"그림이라고까지 할 것도, 그냥 만화입니다."

"예, 그럼 선생님은 지금부터 글은 안 써도 좋으니 만화를 그려보세요."

노숙인이라 하기엔 너무 젊은 20대 후반이었던 선생은 외모와 차림새는 말끔한 편이나 벽돌색 티 하나로 여름을 났다. 끝내 선생은 다른 동기분들이나 나와도 눈 한번 맞추거나 말 한 번 제대로 섞지 않은 채 그해 1년을 보냈다.

선생은 어린 시절 남동생과 둘이서 친척집을 전전하다

10대 중반에 둘만 따로 나와 살았다고 했다. 더 이상 물어보지 않아도 왜 그가 제일 싫어하는 단어가 '여자, 엄마, 새엄마'였는지 대충 그림이 그려졌다.

그런데 이듬해 나는 선생에게 여자친구가 생겼다는 뜻밖의 소식을 전해 들었다. 세 단어 중 적어도 '여자'와는 화해했구나 싶어 내심 기뻤다.

4년 전 '가족'으로 주제 글쓰기를 한 어느 수업시간이었다. 선생님들 중 한 분이 제출한 글을 본 순간, 나는 진작 다 타서 재가 됐다고 여겼던 그 세 낱말이 다시 불덩이로 살아난 느낌을 받았다. 이번엔 아예 시 전체가 불덩이였다.

마귀 찾아 스무고개

김○일

일곱 번째 고개 입구에서 한 여인을 만났다
나의 어머니라 한다

여덟 번째 고개 입구에서 그녀는 떠났다
눈물은 나지 않았다
여덟 번째 고개를 지나던 어느 밤
한 여인이 나의 이름을 목놓아 불러댔다
'마귀가 왔다~'

나는 담요에 말려져서 숨겨졌다
이상하게 눈물이 나왔다

아홉 번째 고개 입구에서 다른 여인을 만났다
나의 어머니라 한다

난 달구지를 끄는 소처럼 살게 되었다
열 번째 고개를 돌아가기도 전에 그녀는 떠났다
눈물이 나진 않았다

열두 번째 고개를 내려가다 또 다른 여인을 만났다
나의 어머니라 한다

그녀의 품에 안겨 젖을 물었지만 따뜻하진 않았다

그녀가 온 이후로 네 시간 이상 잠을 잘 수가 없었다

신데렐라 콩쥐팥쥐가 동화 속 얘기만은 아니라는 걸 알게 되었다

열다섯 번째 고개 중턱에서 그녀는 떠났다

눈물 따윈 나오지 않았다

스무 번째 고개를 내려올 무렵

알 수 없는 장소로 이유도 모른 채 끌려갔다

남녀노소가 모여 있었고 몇 명의 여인이 나를 보며 울어댔다

한 여인이 유난히 더 울어댔다

이상하게 눈물이 계속 나왔다

그때 그 마귀였다

이 글을 쓴 선생은 마흔 살로, 노숙인 학생 중에는 젊은 축에 속했다.

우리 선생님들 대부분은 어릴 적 가족에 대한 아픈 기억을 갖고 있다. 잊고 싶어 몸부림칠수록 올가미처럼 파고드는 가족에 대한 기억. 홈리스homeless는 거리 노숙인이라는 현상보다 더욱 근본적으로 노숙인의 본질을 함의하고 있다. 거리 노숙인의 절반 이상이 이미 어렸을 때부터 가정home을 잃었거나, 결손(편부모, 계부모)가정에서 성장했다는 수많은 연구보고서가 있다.

어떤 문제를 말이나 생각으로 하는 것과 그것을 글로 써보는 것은 매우 다르다. 글에는 말과 생각에는 없는 흔적이 남기에 글을 쓸 땐 자세부터 달라진다. 맞춤법, 문법, 어법은 차치하고라도 대상이나 문제에 대한 깊고 넓은 성찰 없이는 한 문장도 쓰기 어려운 것이 글쓰기이다. 넘어진 자는 바닥을 짚고 일어서야 하는 법. 나는 '가장 싫어하는 단어'와의 화해를 통해 또는 '가족'에 대한 글쓰기를 통해 선생님들이 넘어진 그 기억의 바닥으로 내려가 다시 짚고 올라오기를 바랐다.

김 선생이 이 글을 통해 마귀였던 '여자, 엄마'와 화해를 했는지 나는 모른다. 다만 그 아프고, 지워버리고 잊고 싶은 기억의 바닥으로 내려간 것만은 분명하다. 문집에서 책으로, 그 기억의 흔적은 더욱 또렷이 남을 터이니 선생은 언젠가 또 그 단어들과 마주하게 될 것이다. 마주한다면, 피하지 않는다면, 이미 문제의 반은 해결된 것이다.

그해 초부터 선생은 일반인 두 명과 함께 밴드활동을 시작했다. 선생은 보컬을 맡았는데 호소력 짙은 허스키한 음색이 참 매력 있었다. 그해 연말 인문학 문예발표회 때, 선생과 나는 통기타 두 대로 안치환의 <인생은 나에게 술 한 잔 사주지 않았다>와 김광석의 <내 사람이여>를 불렀다. 글 쓸 때도 보았지만 알코올릭인 선생의 손은 기타줄보다 더 심하게 떨렸다. "그럴 수 있다면 그럴 수 있다면 네 삶의 끝자리를 지키고 싶네. 내 사람이여 내 사람이여 너무 멀리 서 있는 내 사람이여."

마지막 소절을 부르는 그의 목소리는 손보다 더 떨렸다.

잠자리

 당신의 잠자리는 어떤가. 침대에 욕실과 화장실이 딸려 있나. 주방과 거실은 널찍한가. 혹시 1인 가구 최소주거면적이 법으로 정해져 있다는 말을 들어본 적 있는가. 2011년에 12㎡에서 14㎡로 개정돼 현재까지 유지 중인 1인 가구 최소주거면적에 관한 법률 말이다. 14㎡는 약 4.2평으로 화장실이 있으며, 최소한의 가구가 들어갈 수 있는 공간이다. 4인 가구라면 16.8평으로 방 2에 욕실과 주방 겸 거실을 갖춘 공간이 1가구 최소주거면적이 될 것이다.
 하지만 현실은 어떨까. 2015년 통계청에 따르면 전국 8.2%의 가구가 최소주거면적보다 작은 공간에서 거주하는 것으로 조사됐다. 대표적인 예가 서울의 쪽방촌과 고시원이다. 이 두 주거시설은 거리노숙 혹은 시설생활로부터 벗어나 자신만의 주거생활을 영위하려는 이들의 첫 발판이며, 거리노숙이라는 극단적 주거빈곤 형태로 떨어지지 않으려는 이들의 마지막 발판이다. 말이 좋아 고시원이지 쪽방과 별다를 것 없이 둘 다 2평 남짓으로, 머리만 겨우 누일 수 있는 잠자리다. 화장실과 샤워실은 한 층 또는 한 건물에 하나밖에 없는 공용시설이다. 교도소 독방이 2.5평에 변기까지 딸려 있으니 그보다 못한 셈이다.

우리 학교 선생님들은 시설생활을 하는 분도 있지만 대부분 쪽방이나 고시원에서 지낸다. 자활 근로 60만 원 월급에서 월세로 20여만 원을 지불해야 하지만, 선생님들에게 이 좁디좁은 공간은 특별한 '나만의 공간'이다. 이를 발판 삼아 이들은 서울시에서 지원하는 희망원룸이나 그룹홈으로 한 계단 더 올라가기를 꿈꾼다. 시설을 탈출해 나만의 잠자리를 갖는다는 것이 어떤 의미일까? 그들의 목소리를 들어본다.

"쉼터, 가로 8줄 세로 7줄 침대 16칸 꽉 찼다."

"TV 소리, 이 갈아대는 소리, 코 고는 소리, 뒤척이는 소리, 스마트폰 소리, 밖에서 웅얼웅얼대는 소리들의 합창 속에서 잠이 든다. 여기는 게토Getto다."

"주머니에 돈이 조금 생길 때면 다방(약 3,000원), 만화방(약 4,000원), 사우나(약 6,000원)에서 하룻밤을 보냈다. 2006년 나만의 잠자리가 생겼다. 성공회 다시서기센터에서 자활을 해서 작은 고시원 방을 얻게 된 것이다."

"나의 잠자리는 내 걸음으로 가로 세 걸음, 세로로 여섯 걸음밖에 되지 않는 작은 공간이지만 바로 이곳에서 오늘도 하루의 피로를 풀며, 마음을 닦으며 내일을 준비한다."

"줄자 꺼낸다. 너 몸 좀 재볼까 하고. 뭐, 창피하다구? 뭐가 창피하니? 폭 160, 길이 210, 높이 240. 높이 달린 봉창문 높이 28, 넓이 67, 그게 너한테는 눈이요 나한테는 공기구멍. 유리 두 장을 한쪽으로 몰아서 너는 눈이 하나밖에 없어. 전기 스위치를 켜야 환하게 밝아오는 방. 나 아니면 너는 항상 어둠의 세상이야. 나한테 고마운 줄 알아. 알지?"

"혼자 기분을 내며 막걸리를 먹노라고 방 가운데에 술 한 병을 놓고 순대 1인분까지. 잔을 펴고 앉아 양팔을 쭉 벌리면, 여전히 각각의 손목 하나 정도의 공간은 남을 만큼의 비교적 여유로운 공간이다."

양팔을 벌려 손목 하나 남는 잠자리가 비교적 여유 있는 공간이라니! 어떻게 그런 여유로운 공간감이 생길 수 있을까. 아마도 그의 등짝이 역사 바닥의 박스집과 게토 같은 쉼터 잠자리를 잊지 않았기 때문일 것이다. 그리고 무엇보다 누구 하나 찾아주지 않는 '빈방'이기 때문일 것이다. '아내 없는 방은 커 보인다'고 했던가. 행여 벌레라도 한 마리 찾아주면 반가운 쪽방과 고시원.

존재에 대한 생각

김휘철

바퀴벌레 한 마리 꼬물꼬물
탁!
그릇으로 엎어버렸다
꽉!
얼어버린 작은 생명 하나
어떡하고 있을까
사알짝 들었다
미동도 없던 하찮은 것이
무슨 일 있었냐는 듯
알 수 없는 제 길로다
바쁘게 간다
뭐가 다를까
너랑
나랑
바퀴벌레랑

존재, 참을 수 없는 가벼움 혹은 무거움

내 수업시간인데도 선생님들 대화에 감히 말 한마디 끼어들지 못할 때가 있다. 바로 이럴 때다.

"소주에다 양주까지 병나발 불고 태종대 자살바위 끝에 섰는데, 아! 글쎄, 정신이 말짱하더라고. 발이 바위 벼랑에 딱 붙어 도무지 떨어지지 않는 거야."

"바다에 뛰어내렸는데 목구멍에 물이 넘어와 숨이 막혀 나도 모르게 허우적거리며 살려달라는 소리가 나오는 거예요. 근처 물질하던 해녀가……."

"소주 한 박스 사들고 여관에 틀어박혀 며칠을 마시다

벽 선풍기 걸이에 전홧줄로 매달고 의자에서 뛰어내렸어. 그런데 이런! 발이 바닥에 닿는 거야. 전홧줄이 길었어."

"어디 죽는 게 내 맘대로 되는 줄 알아."

무슨 대화 끝에 나왔는지, 이 말들이 한시 한곳에서 나온 건지, 누가 물꼬를 텄는지 기억이 흐리다. 분명한 건 자살에 대한 대화를 매듭짓고 다시 본 수업으로 돌아가게 한 마지막 말은 '자살미수, 위암 3기, 교통사고'로 죽음의 고비를 수도 없이 넘긴 L 선생의 말이었다. 하지만 그렇게 힘들게 넘긴 고비에도 불구하고 선생은 60을 넘기지 못하고 결국 술로 사망했다.

온 우주보다도 더 무거울 생명이 농담처럼 가볍게 오가는 서울역. 이곳에선 70을 넘긴 거리 노숙인을 찾아보기 힘들다. 존재의 무게가 너무 가벼워서일까, 무거워서일까. 존재의 무게라는 게 정말 있기나 한 걸까. 있다면 얼마나 될까. 아니 얼마나 되어야 할까. 몸무게처럼 사람마다 다를까. 다르다면 얼마나 다를까. 무거운 게 좋을까, 가벼운 게 좋을까. 지난 18년 동안 서울역을 오가며 수없이 떠올린 물음이다.

이 밑도 끝도 없는 물음을 소설적 성찰로 끌어들인 이가 있다. 밀란 쿤데라. 그는 역작 『참을 수 없는 존재의 가벼움』에서 주인공 토마시를 '존재, 참을 수 없는 가벼움과 무거움,' 그 경계의 끝까지 가보게 한다. 의사인 토마시는 아내와 이혼하고 아들까지 떼어주며 부모와도 관계를 끊고 자유분방한 삶을 사는 바람둥이다. 이혼 후 그는 무수히 많은 여자들과 '에로틱한 우정'을 맺는다. 이 요상한 우정은 '두 사람 중 누구도 상대방의 인생과 자유에 대한 독점권을 내세우지 않는, 감상이 배제된 관계'라야 행복할 수 있다고 토마시가 지어낸 행복한 관계론이다. 이 에로틱한 우정을 유지하기 위해 그는 자신만의 '3의 규칙 (짧은 간격으로 만날 땐 3번 이상 만나지 말며, 길게 사귈 때는 3주의 간격을 두고 만날 것)'을 세운다. 삶의 무거움을 원천적으로 차단하겠다는 그만의 포석이다. 하지만 이 규칙은 테레사라는 여인을 만나면서 깨지고 만다. 그녀는 무거운 삶의 표본이다. 6번의 우연이 겹쳐 필연이 돼버린 테레사와의 만남에서 토마시 삶의 추는 한없이 무거운 쪽으로 기운다.

소설 머리에서 쿤데라 자신이 등장해 토마시는 "한 번은 중요치 않다(einmal ist keinmal)"는 독일 속담에서 태어났다고 밝힌다. 해서 토마시 머리에는 '한 번뿐인 것은 전혀 없었던 것과 같고, 한 번만 산다는 것은 전혀 살지 않는 것과 마찬가지'라는 생각이 늘 맴돈다. 그러고는 쿤데라는 토마시의 이런 생각과 극단에 있는 철학자로 니체를 소환한다. 니체 사상의 핵심인, 난해하기로 악명 높은 '영원회귀.' 영원히 반복된다는 영원회귀는 무거움의 표상이다. 한 번 가면 돌아올 수 없는 인생을 영원회귀 옆에 놓으면 인생은 너무도 덧없어 아무런 무게감도 갖지 못한다. 존재의 참을 수 없는 가벼움이다. 이렇게 소설 머리에 존재의 무거움과 가벼움이라는 철학적 성찰의 향연을 에세이 형식으로 펼친 후, 쿤데라는 이 철학 주제를 인물의 구체적인 삶이라는 소설의 몸으로 들여온다.

하지만 쿤데라는 토마시가 산 두 극단의 삶을 보여줄 뿐 어떤 삶이 더 행복한지, 옳은지 말이 없다. 쿤데라가 생각하는 소설은 가설의 세계요, 의문의 세계인 까닭이다. 작가는 그 물음을 되묻고 답을 궁구해야 할 짐은 전적으로 독자의

몫으로 남겨둔다. 그렇다면 당신은 어떤 삶을 택하겠는가? 무거운 삶, 가벼운 삶? 아니 나에게 묻는다. '나라면……'

인문학을 매개로 서울역 선생님들과 만나면서 그 물음과 불현듯 맞닥뜨린 나를 보곤 한다. 내가 끼어들 수 없었던 '자살 대화'가 그런 순간이고, <그때 그 순간>이라는 산문에서도 마찬가지였다. 이 글은 <염쟁이 유씨>라는 연극을 보고 자연스레 죽음이 떠올라 자신이 죽으려 했던 '그때 그 순간'을 회상하는 내용이다. 선생은 산다는 것 자체가 너무 고통스러워 죽자고 마음먹자 세 가지 생각이 떠올랐단다. 첫 번째는 "이왕 죽을 바에야 멋지게 죽자"라는 생뚱맞은 생각이었고, 두 번째는 "죽음에 실패할 경우 장애를 지닌 채 살아가야 한다"는 두려움이었다. 세 번째는 자연스럽게 '죽는 방법들'이었다. 그렇게 해서 그의 '자살 여행'이 시작되는데 요약하면 이렇다.

서울에서 부산까지 여행을 하며 죽을 장소를 찾아보기로 했다. 하지만 적당한 장소를 찾지 못하고 부산에 머물렀다. 그러기를 며칠, 문득 제주행 배에서 뛰어내리면 되겠다는 생각이 떠올랐다. 그 길로 싸구려 양주 한 병 사들고 배에 올랐다. 모두 잠든 자정 무렵, 배 난간에 매달렸다. 손만 놓으면 배는 멀어질 터, 실패할 염려는 없다. 헌데 도무지 손가락이 안 펴진다. 대여섯 차례 재시도하다 그만 날이 새버렸다.

다음날 제주항 대합실 TV에서 설악산 등반 도중 조난사고로 대학생 등산객 몇 명이 동사했다는 뉴스를 보았다. '아하, 이거구나.' 무릎까지 푹푹 빠지는 겨울 한라산 1700m 고지쯤 올랐을 때 해가 졌다. "이제 잠만 자면 죽는구나." 어스름 달빛이 비치는 조릿대 군락에 누웠다. 허기에 온몸이 녹작지근하니 스르르 잠이 들었다.

너무 추워 눈을 떴는데 새벽이었다. "아직 안 죽었구나." 자신이 몹시 실망스러웠다. 누웠던 자리를 보니 조릿대 밑으로 얼었던 얼음이 체온에 녹아 파카 점퍼에 스며들어 있었다. 뜬금없이 "나 젊었을 때는 눈밭에 누워도 끄떡없었다"는 어른 말씀이 떠올랐다. 춥기만 하고 감기조차 걸리지 않았다. 그 와중에 덤불을 긁어모아 불을 피워 쬔 후 하산했다.

죽음에 실패한 선생은 다시 삶의 무게를 지게 됐다. 그래서 행복한가, 불행한가. 그의 선택은 잘되었나, 잘못되었나. 그 물음에 답할 수 있는 권한은 애초부터 인간에겐 주어지지 않았다. 다시 돌아갈 수 없는 외길 인생에서 모든 결단과 선택은 오직 한 번뿐이다. 어떤 선택이 '더' 옳았을지 행복할지 비교할 수 있는 제2, 제3, 제4의 삶이란 없다. 오로지 선택에 따른 결과만 있을 뿐이다. 비교불가한 결과만이.

그렇다면 선생은 '한 번은 아무것도 아니다'는 참을 수 없는 존재의 가벼운 삶으로 회귀한 것일까. 아닐 것이다. 선생은 존재의 무거움과 가벼움이라는 그 모호한 개념이 순간 블랙홀처럼 빨려들어가는 경계의 극단을 경험하고 돌아왔다. 돌아와 마주한 삶은 그가 버리려고 했던 바로 그 삶. 영원히 반복되는 어제 같은 오늘만 있는 삶일 뿐일지도 모른다. 약속된 미래란 없다. 다만 달라질 수 있다면 그 '반복을 어떻게 바라보느냐' 하는 관점의 변화일 것이다. 니체는 이 '영원회귀'를 긍정하는 자를 '초인'이라고 했다.

선생의 자살 여행은 이렇게 끝났다.

어제는 줄곧 오르막길이었던 것 같은데 이상하게도 무조건 내리막길만은 아니었다. 담배 피운 자리에 버린 꽁초를 주워 피우며 계곡을 올라갔다 내려갔다 했다. 아! 인생도 이렇겠구나. 한라산에 죽으러 올라갔다가 죽지는 못하고 삶을 배우고 살아서 내려왔다.

인생 외길, 수없는 반복 속에도 디테일이 있다. 그 디테일 속에 천사와 악마, 무거움과 가벼움, 행복과 불행이 병존한다. 영원한 반복으로 어제와 똑같은 오늘일지라도 오늘을 어떻게 맞느냐에 따라 영원히 처음 맞는 오늘이 될 수 있는 '해석'의 문제. 그렇다 인문학은 결국 해석에 대한 방법론이다. 선생은 '자살 여행'이라는 글쓰기에서 그 해석 하나를 얻어 돌아온 것이다.

글을 마치려니 헛웃음에 다 빠진 앞니를 어색하게 드러내던 50대 초반의 한 선생의 말이 귀를 간질거린다. 죽으려고 했던 그가 "무료 틀니를 해준다기에 치과에 가 의자에 앉아 입을 벌렸는데, 무서워 온몸에 경련이 와 도망쳐 나왔"단다. 후배 입학식 축사로 연단에 선 한 동문 선배가 우리 대학을 소개해 유명해진 말이 있다.

"우리 대학은 아무나 들어올 수 없습니다. 적어도 자살 미수 2범은 되어야, 유서 한두 통쯤은 몸에 지니고 있어야 들어올 수 있는 대학이 성프란시스대학입니다."

이 책은 존재, 참을 수 없는 가벼움 혹은 무거움, 그 칼날의 경계를 오가며 베인 거리 선생님들의 아슬아슬한 '주저흔'이다.

와카레노 타비(別れの旅に)

2학기 글쓰기 수업은 시 읽기와 시 쓰기다. 매주 시 한 편씩을 암송 숙제로 내준다. 수십 년 만에 펼친 책을 읽는 것만으로도 눈이 빠질 듯한데 시까지 외우라니 얼마나 머리가 지끈거렸을까.

그런데도 2015년 11기 선생님 중 유일하게 10여 편 시를 다 외운 분이 '개구리 왕눈이' 최인호 선생이었다. 다소 곳한 자세로 큰 눈을 지그시 감고 바르르 떨리는 입술로 곽재구 시인의 <사평역에서>*를 암송하던 초겨울 후암동 교사.

막차는 좀처럼 오지 않았다
대합실 밖에는 밤새 송이눈이 쌓이고
흰 보라 수수꽃 눈 시린 유리창마다
톱밥 난로가 지펴지고 있었다
(중략)
밤 열차는 또 어디로 흘러가는지
그리웠던 순간들을 호명하며 나는
한줌의 눈물을 불빛 속에 던져주었다

턱 그늘 괴고 한줌의 눈물을 백열전구 불빛에 던져주며 우리는 개구리 왕눈이를 11기 대표 시인으로 호명했다.

개구리 왕눈이는 신입생 오리엔테이션 때 별명 지어주기 조별활동에서 붙여져 11기 카페에서 활동한 선생의 아이디이다. 첫눈에도 개구리처럼 큰 눈이 인상적이었지만, 그 외에도 여러 가지 면에서 선생은 우리 시선을 사로잡았다. 꽁지머리에 갸름한 턱선과 단아한 자세에서 나오는 가냘픈 목소리에 예쁜 말씨까지. 그렇다. 선생은 성소수자였다. 하지만 선생의 성정체성은 학교생활이나 교우관계에 아무런 문제가 없었다. 선생은 학우들 사이에 다정하고 온유한 친구, 형, 동생, 오빠였으며, 일정 기간 동안 문화공간 길 카페에서 성실한 아재로 자활 근로를 했다.

선생에겐 성소수자보다 더욱 소수자로 살아온 삶의 내력이 있다. 주민등록증 없이 대한민국 국민으로 30여 년의 세월을 살아온 것이다. 고향인 파주에서 기차 통학을 하던 학창 시절, 어느 날에 관한 선생의 글은 그런 세월의 단면을 보여준다.

지금 아는 것을 그때도 알았더라면
최인호

추위가 가시지 않은 안개 뿌연 새벽, 조그만 지붕 아래 의자 두 개, 역무원 아저씨 한 명뿐인 파주역. 난 첫차를 타고 학교가 아닌 다른 곳으로 가고 있었다. 집 떠나면 개고생한다더니 진짜 개고생이었다. 인생이 뭔지 사는 건 또 무언지 알지도 못하면서 겁도 없이 저지르고 말았다. 그렇게 허무하게 삼십 년 세월이 흐른 어느 날, 한 번 가본 적이 있었다. 그때의 파주역은 없어지고 금촌역에서 내려 버스를 타고 들어갔다. 앞이 꽤 넓은 논과 밭은 고층 빌딩과 아파트가 돼버렸다. 물론 내가 살던 집도 없었고 동네 형아들도 볼 수가 없었다. 엄마 생각에 한참을 울었다.

사춘기 시절 누구나 한 번쯤 저질렀을 법한 일탈이었을 텐데, 왜 그토록 오랜 세월 동안 부모님과 연락까지 끊었을까. 6년이 지난 지금, 물을 수도 들을 수도 없는 문답을 들고 11기 카페에 들어가 1년간 선생이 올린 글들을 자세히 들여다보았다.

나

내가 온전히 나일 때가 있었나?
나는 나를 미워했고, 나를 원망했으며

나 자신을 괴롭혀왔다
스스로 슬퍼했으며
나를 내가 아닌 나로 밀어내려 했다
자기 자신도 사랑하지 못하면서
자신을 스스로 망가트려가며
보잘것없다고 나 스스로를 손가락질하며
참으로 참으로 바보처럼 살았다 싶다
아직도 남은 생이 격렬히 주어진다면
나를, 오직 나만을 위해 살아보고 싶다
나를 아끼고 내 몸을 조심하며
나를 순수히 사랑하고 싶다
거울을 하나 사야겠다
이젠 오직 나만을 위해서

무엇이 선생 자신을 온전히 받아들이지 못하게 했을까. 보잘것없다고 스스로를 손가락질하며 그렇게 철저히 자신을 부정하도록 했을까. 30여 년 동안 대한민국 국민이라는 정체성을 스스로 박탈하면서까지.

하지만 스스로 물은 이 질문에 선생은 답을 내놓지 않았다. 대신 이제부터라도 자신을 아끼고 사랑하며, 스스로 손가락질하던 자신의 몸을 조심하며 사랑하겠노라 했다. 거울을 하나 사서. 그렇다. 선생은 바보같이 살아온 30년 자기부정의 세월에 대한 이유를 굳이 드러낼 필요가 없었다. 대신 "거울을 하나 사야겠다"는 문장에 가슴속 말들을 다 묻은 것이다. 고백하고, 참회하고, 용서를 구하며 바라본 거울 속 자신의 모습은 어땠을까.

물 한 바가지

몸을 씻다 말고 무심코
벽에 붙은 거울에다 물 한 바가지 챠~악
거울은 깨끗해지고 나는 흐릿해지고
다시 물 두 바가지 챠~악
거울은 더 깨끗해지는데 난 삐뚤어지고
또 한 번 물 세 바가지 챠~악

거울은 반들반들 나는 보이지도 않고

실없이 물 한 바가지 내 머리 위로 촤~악

정신이 버~언쩍

  거울 속 흐릿해지는 내 모습에 물 한 바가지 촤~악. 삐뚤어지는 내 모습에 물 두 바가지 촤~악. 보이지 않는 내 모습에 물 세 바가지 촤~악. 정신 차리라고 머리에 물 네 바가지 촤~악. 내 모습 이대로 사랑하려는 개구리 왕눈이의 고투가 눈물겨운 시다.

  졸업을 하고서도 선생은 문화공간 길 카페에서 몇 년 더 자활 근무를 했다. 커피를 내리고 주스를 만들어 접시에 담아 공손히 손님 탁자에 내려놓는 선생의 자태엔 어떤 기품이 느껴졌다. 그 어느 때보다 카페에서 선생의 일상은 평안해보였다. 하지만 그건 보이는 겉모습일 뿐. 일과 후 홀로된 저녁엔 외로움과 쓸쓸함이 골목에 번지는 어둠처럼 선생에게 더욱 어둡고 깊게 스며들었다. 그건 우리가 가 닿을 수 없는 고독. 후암동시장 삼십 촉 흔들리는 백열등 밑 멍빛 고독항아리에 선생은 눈물 같은 소주를 매일 저녁 털어넣었다. 그렇게 6년 뒤 2021년 6월 18일, 선생은 알코올성 케톤산증으로 우리 곁을 떠났다.

인문학을 계기로 선생은 지나온 자기부정의 삶과 마주했고, 거울 속 자신을 바라보며 아끼고 사랑하겠노라 다짐했는데……. 그 온전한 자기사랑이 6년 만에 멈춘 것이다.

그런데 이상했다. 선생은 자기 안의 또 다른 자신과의 사랑이 오래가지 못할 거라는 걸 운명적으로 예감한 것 같다.

한밤의 상여소리

후드득 후드득 빗방울이 플라스틱 창밭이를 때린다…
멀리서 들리는 한 같은 상여소리
딸랑딸랑, 넘자 넘자 어서 빨리 넘고 넘자
상여 소리꾼의 앞소리에 뒤를 잇는 어깨소리들
무에가 그리 좋은지 끝까지 듣고 있던 내 마음과 내 모습
망자의 가는 길이 어찌 그리 호사한지 꽃상여가 어여뻐라
상여소리 뒤에 듣고픈 진도 씻김굿 소리

지전춤 이승과 저승의 갈림길 소리 소리 소리
생각도 풍요롭고 귀도 즐거웠다 미치도록…
꽃과 같은 상여 속에 먼 길을 가는 가엾은 인생가루

온전히 바라본 거울 속 자신의 모습이 견딜 수 없도록 사랑스러웠을까. 너무 미안하고 죄스러워 품에 꼭 안은 거울 속 개구리 왕눈이는 모래를 쥔 것 같았을까. 손아귀에서 숭숭 빠져나가는 '인생가루'. 그리하여도 이승의 마지막 길에서는 개구리 왕눈이에게 호사한 꽃상여를 태워주고 싶었나 보다.

11기 카페에 들어가 살펴본 선생의 글들에는 유난히 '기차역'이 많이 나왔다. 10대 학창 시절 고향 파주역을 떠나온 이후 마음만은 늘 파주역 언저리를 떠돈 듯. 그 언저리들이 선생의 글 속에서 이런 저런 기차역으로 표현된 것은 아닐까. 초겨울 후암동 교사에서 바르르 떨리는 입술로 암송한 곽재구 시인의 <사평역에서>는 개구리 왕눈이에겐 '파주역에서'로 읽혔을 것이다.

카페 글을 읽다가 선생이 집 생각 날 때마다 듣곤 했던

일본 대중가요 엔카가 있다는 걸 알게 됐다. 1972년 6월 25일 발매된 후지 케이코(藤 圭子)의 '와카레노 타비(別れの 旅に, 이별 여행).' 사랑하는 두 남녀의 이별 여행을 노래한 곡으로, 눈 내리는 간이역 기차의 출발과 도착을 알리는 듯한 섹스폰 연주가 퍽 인상 깊은 곡이다.

선생은 분명 호사한 꽃상여에 개구리 왕눈이를 태우고 자신이 떠나온 파주역으로 돌아갔을 거다. 상여소리로 와카레노 타비를 들으며…….

와카레노 타비

_후지 케이코 노래

1)
밤하늘도 어둡고 마음도 어두워요
외로운 손과 손을 포개고 기차를 타요
북녘은 맑을까요, 아니면 비가 올까요
마지막 사랑여행을 떠나는 두 사람

2)
가리키는 당신, 바라보는 나
창에 흘러가는 마을은 사라져가는 추억
뭔가 이야기해주세요. 이야기해주면 좋겠어요
함께한 사랑의 시간도 곧 끝나는데
3)
차디찬 바람에 가랑비가 섞이는
새벽 역 플랫폼에 서 있는 두 사람
지금도 사랑해요. 사랑이 있는 이별
그런 여로도 이제 곧 끝나겠지요
4)
종착역 개찰구를 빠져나오고
그 다음엔 타인이 된다고 하죠
2년 동안 고마웠어요. 행복했어요
뒤돌아보지 않고 살아가겠지요
살아가겠지요

● 곽재구, 「사평역에서」, 창작과비평사, 1991년, 114쪽.

내가 누군지 말해주세요

누구나 한 번쯤 서울역 지하도나 광장을 지나치며 술에 취해 길바닥에 누워 있는 노숙인을 본 적이 있을 것이다. 그러나 보았다지만 그 사람에 대해 생각해본 사람은 몇이나 될까. 이를테면 '어쩌다 거리까지 나앉았을까', '사랑하는 아내·자식·부모·친구가 있(었)지 않(았)을까', '저러다 죽을 수도 있을 텐데, 죽음이 두렵지 않은 걸까', '하루 종일 무슨 생각을 할까', '도와야 하나 말아야 하나', '돕는다면 누가 어떻게 도와야 하나? 내가, 시민단체가, 지자체가, 국가가?'

하지만 저들도 당신이나 나와 똑같은 인간이다. 차이점

이라면 가정을 잃어버린 '홈리스'라는 사실뿐. 다 큰 성인인데 가정을 잃었다고 길바닥에 나앉기까지 하냐고 나무랄지 모르겠지만, 아이가 부모를 잃거나 부모로부터 버려질 때처럼 성인도 가정을 잃었을 때 겪는 충격과 그 영향은 상상 이상이다. 인간은 가정에서 태어나 가정에서 성장하며 가정을 이루고 가정의 품에서 죽는다. 그리하여 요람에서 무덤까지 가정은 인간 존재의 반석이다. 그 반석이 무너지면 그 위에 쌓아올린 인간 실존의 몸체와 정신 또한 절로 무너질 수밖에 없다. 일상의 희로애락을 나눌 식구가 없다는 건 살아갈 가장 원초적인 욕망을 거세당한 것이나 다름없다.

성프란시스대학은 인문학 과정이지만 저녁 한 끼라도 함께 밥을 지어 나누는 밥상공동체를 중요한 학사과정으로 간주한다. 그래서 1년 인문학 과정 참여자들은 동학이자 식구이다. 졸업 후엔 동문으로 인생길을 함께 가는 도반이다.

하지만 하루해가 저물어 돌아가는 고시원과 쪽방엔 언제나 그렇듯 기다리는 이가 아무도 없다. '한겨울 모로 누운 어깨의 시림을 아느냐'며 나를 앞에 두고 허공에 물음을 던졌던 L 선생. 그 지독한 외로움에 대한 물음은 애초부터 답을 기다리지 않았다. 순간 망연했던 나는 한참이 지난 뒤 유쾌하게 헹궈진 외로움을 선생의 글 속에서 엿보았다.

편지

이○로

어느 뜨거운 여름날 저녁

문틈에 놓인 회색 봉투

… ○○○ 귀하

반가운 마음에 덥석 잡았다

자세히 보니 ○○세무서

… 상반기 주민세 고지서이다

…겨우 6천 원 받으려고 이런 우편물을 보내다니

고지서 만들고 보내는 비용이 3천 원은 들겠네

초겨울 어느 날 또 한 통의 편지를 받았다
○○세무서
이번엔 독촉장이다. 과태료 붙여서 6,120원
원가도 안 되는 돈을 받으려고 이걸 왜 보냈을까?

그대, 덕분에 아직 나도 대한민국 사람인 걸 알겠구나
허허허!
내일은 꼭 내야지
막걸리가 살짝 달달해졌다

오랫동안 불리지 않아 스스로도 낯설어진 이름 ○○○. 그 이름 뒤에 '귀하'까지 붙여 고시원 문틈에서 ○○○을 맞이하는 편지. 무언가 당신을 기다린다는, 누군가 당신을 찾는다는 "반가운 마음에 덥석 잡았다"는 대목에서 난 비로소 선생의 시린 어깨에 손을 얹었다. 비록 과태료 붙은 6,120원짜리 주민세 고지서지만, 선생이 대한민국 사람인 걸 알려준 고마운 편지다. 덕분에 막걸리가 살짝 달달해졌다 하니.

인문학 6기 전태선 선생은 <내 이야기 들어볼래요>라는 글에서 성프란시스대학에 온 것은 무엇을 배우기 위해서가 아니라 사람이 그리워서 왔다고 했다. 졸업장을 들고 헤어진 아내와 딸 앞에 당당하게 서고 싶다던 선생은, 그만 졸업까지 기다리지 못하고 술김에 아내에게 연락해 만났단다. 할 이야기가 참 많았는데 정작 만나선 아무 말도 못하고 헤어졌다고.

6기 자원활동가로 영화 전공자였던 남경순 선생은, 6기 선생님들의 1년 인문학 과정을 <내가 누군지 말해주세요>란 제목으로 다큐를 찍어 이듬해 인권영화제에 입선했다. 직접 내레이터를 맡아 전태선 선생이 사는 지하 쪽방에 찾아가 인터뷰를 했다.

은막 위에 몽글몽글 피어오른 담배연기를 바라보며 "말을 잊어버릴까 봐 가끔 허공에 대고 말을 해"라고 운을 뗀 전 선생. 정말 말을 잊어버렸던 걸까. 안타깝게도 4년 전 선생은 쪽방에서 고독사했다.

내가 누군지 말해주세요

박경장

카메라에 잡힌 인문학 선생님이 삶을 연기하고 있다
연기 같은 삶

'며칠 방 안에 틀어박혀 있다가 가끔 혼자
허공에 대고 말을 해
말하는 걸 잊어버릴까 봐'

햇빛도 몇 번
땅 밑으로 꺾어진 계단에 막혀 들어올 엄두를 못 내는
지하 쪽방
방 한켠엔 무가지가 가지런히 쌓여 있다

벽지 벗겨진 바람벽엔
'강하게 살아야 돼 강하게' 휘갈긴 글씨가
담배연기에 쿨럭이고 있었다

침향(沈香)

학기 초 첫 번째 글쓰기 숙제는 자기 이름을 삼행시로 지어 카페에 올리는 것이다. 100% 제출 완료. 두 번째는 단어 속성(屬性)에 관한 연습으로, 두 단어를 골라 서로에게 칭찬과 비난을 대화로 작성하기다. 60~70% 제출. 세 번째는 묘사 연습으로, 자신이 자주 가는 장소 묘사하기다. 30~40% 제출. 네 번째는 문단 나누기 연습으로, 두 문단 글쓰기다. 10% 미만 제출. 이쯤 되면 난 숙제 내주는 것은 포기하고 수업시간 중에 글을 쓰는 '마구쓰기'에 집중한다.

말이 마구쓰기지, 내용과 형식에 구애받지 않고 아무거

나 마구 쓰라고 해도 마구 써지지 않는 게 글쓰기 아닌가. 게다가 즉석에서 발표까지 시키니 난감해하는 분이 한둘이 아니다. '자유연상기법'이니 '브레인스토밍'이니 하는 부담없이 쓸 수 있는 마구쓰기 기법을 아무리 설명해도 막상 펜을 들면 망부석처럼 굳어버리기 일쑤다. 물론 두려움 없이 아무 글이든 쓱쓱 잘 쓰는 분도 있다. 하지만 글이라곤 마음먹고 써본 적이 단 한 번도 없는 분들이 대부분이다. 그들 앞에 놓인 백지나, 그 백지를 뚫고 나가야 한다고 온힘 다해 떠밀어도 떡 버티고 선 등이나, 모두 은산철벽(銀山鐵壁)이다.

집도 절도 없고 가족 형제도 다 떠나, 부여잡을 어떤 희망도 보이지 않는 이들에게 글쓰기란 무엇일까. 이 화두를 부여잡고 지난 18년간 서울역 주위를 배회했지만, 난 이렇다 할 깨달음에 이르지 못했다. 다만 매 기수 20명 안팎 인문학도반들과 마당을 쓸고 절을 하듯 글쓰기수련을 해왔을 뿐이다. 돈오(頓悟)의 순간이 오기만을 기다리며 마음을 닦는 점수(漸修)라고나 할까.

인문학 1년이 끝나면 깨달은 사람이나 그렇지 못한 사

람이나 모두 하산해야 한다. 하산한다고 서울역을 완전히 떠나는 것도 아니다. 서울역은 이미 이들에겐 집이요, 저잣거리며 수련장이다. 매 기수마다 서울역으로 환속하면서 이들이 남기고 간 것이 졸업문집이다. 인문학 출가 1년, 수련의 허물인 듯 벗어놓고 간 글들을 나는 다시 읽는다.

어느 날 거울을 볼 수가 없었다. 거울 속의 내 모습을 보기가 너무 두려웠다. 내 눈을 똑바로 쳐다볼 수 없고, 벗은 내 모습이 얼마나 부끄러웠던지 그만 그 거울을 주먹으로 내리쳐버렸다. 고독했다. 외로웠다. 슬펐다. 안타까웠다.

- 고성원 〈거울 속의 나〉 중에서

지하도 배식장에서 처음 급식 배식을 받았다. 그 순간 목구멍이 메어 숨을 쉴 수가 없었다. 숟가락을 멈추고 피눈물을 흘리던 생각이 스쳐지나갔다.

- 양ㅇ욱 〈『나르치스와 골드문트』를 읽고〉 중에서

두 눈을 꼭 감고 거울 앞에 섰다. 실눈을 뜨고 살짝 보려다가 곧 다시 감고 만다. 그러기를 수십 번 아니 수백 번 아니 수천 번. 내 모습을 똑바로 봐야 하는데 그래야 하는데 덜컥 겁부터 난다. 그저 보고 있는 것만으로도 죽을 듯이 아팠다.

— 서ㅇ미 〈거울 앞에서〉 중에서

어디 가서 물어봐라. 노숙인이 인문학 한다고 하면 욕이나 먹지. 먹고 사는 것 자체가 힘이 드는데 꼴값한다고 다들 수군거리지 않겠는가.

— 이ㅇ근 〈철학을 배운다〉 중에서

5층 고시원/방문을 열고 불을 켠다/어둠이 밀려 달아나고/정면의 대형 거울에 배 나오고 뚱뚱한 얼굴 오래전 절망과 비웃음을/나를 미워하고 내가 증오하던/초라한 직장의 책임자/경멸의 미소/그 모습 그대로 머리카락 새치에/시간이 눈처럼 내리고/좁은 방 대형 거울

피곤한 남자가 있어/조용히 바라본다

- 김○준 〈자화상〉 전문

까맣다/때는 보이지 않는데/스멀스멀 냄새가
나를 자극한다
빨래할까 말까/냄새의 근원은 어딘지 고심했다/
나를 먼저 씻어야겠다

- 이○영 〈빨래〉 전문

내가 은산철벽 백지 앞에 마주서게 한 것은 결국 선생님 자기 자신이었을까. 바닥을 짚고 일어서려 인문학 출가를 했는데, 다시 바닥으로 내려가라고 하니 펜을 쥔 손이 부들부들 떨렸던 것일까. 뚫고 나아가야 하는 백지는 내 썩은 살이요, 채워야 하는 빈칸은 내 곪은 상처였을까. 바라보아야 하는 백지 면벽은 냄새나는 내 얼굴이었을까. 마구 쓰기란 마구 찌르기였을까.

벗어놓고 간 허물에서 뱀이 나왔는지 나비가 나왔는지 확인할 길이 내겐 없다. 다만 난 그 허물에서 묻어나는 문자향을 맡았을 뿐이다. 제 상처를 치유하기 위해 상처 부위에 모인 수지(樹脂)가 수백 년, 수천 년에 걸쳐 응결된 덩어리에서 난다는 침향(沈香)을.

조치문(弔齒文): 슬픈 치아 이야기

사과를 한입 베어물었을 뿐인데 윗니 서너 개가 빠져버리는 게 아닌가! 이게 무슨 날벼락이람? 이상해 아랫니를 흔들어 보니 이것들마저 우수수 힘없이 뽑힌다. 손바닥에 한 움큼 빠진 이를 쥐고 거울 앞에 서서 입을 벌렸다. 으악! 외마디 비명소리에 눈을 떴다. 얼른 입에 손을 대보고는 그제야 안도의 숨을 내쉰다. 꿈에 이가 빠지면 부모님이 돌아가신다는 해몽을 들은 적이 있어, 그런 꿈을 꾼 날이면 으레 아침 일찍 부모님께 안부전화를 드리곤 했다.

내겐 악몽일 뿐이어서 비명 한 번 지르고 눈 뜨면 되지만, 눈을 떠도 악몽 속인 사람들이 있다. 맨바닥에서 하루 이틀만 자도 몸이 찌뿌듯한데, 한 데에서 몇 년 동안 거리 잠을 잔 거리 노숙인들은 오죽할까. 역사 바닥에서 이 악물고 추운 겨울을 견뎌내도, 봄기운에 언 땅 풀리면 축대 무너지듯 잇몸부터 흐물흐물해진다는 서울역 노숙인들. 늙으면 '두부 먹다가도 이가 빠진다'고 하지만 노숙인들은 나이에 상관없이 봄바람에 이가 빠진다. 해서 더욱 나이 들어 보이고 늙어 보인다.

인문학 5기 고 선생은 마른 체격에 말수가 적고 표정 변화도 거의 없는 40대 초반의 내성적인 사람이었다. 어쩌다 웃을 때에도 입꼬리만 살짝 올라갈 뿐 결코 입을 벌린 적이 없다. 혹 입이 벌어질 경우엔 반드시 손으로 가렸다. 해서 입학하고 몇 달 동안은 도무지 속을 알 수 없었다. 그러다 어느 날 밤, 고 선생이 카페에 올린 글에서 나는 비로소 선생의 꾹 다물어진 그 입속을 볼 수 있었다.

<나의 슬픈 치아 이야기>라는 제목으로 뽑힌 치아를 의인화해 제문(祭文) 형식을 갖춘 독특한 글이었다. 선생은 의료취약계층을 위한 서울시 무료치과에서 진료를 받는 과정 중에 이 글을 썼다. 고 선생의 입속을 들여다본 의사

의 첫마디는 "쓸 만한 이가 별로 없군요"였다. 갈 때마다 선생의 이는 한두 개씩 속절없이 뽑혀 나갔다. 그때의 심정을 선생은 이렇게 적었다.

가짜를 넣기 위해 진짜를 버려야 하다니, 가짜가 진짜인 것처럼 행세하고 진짜 같은 가짜가 득세하고 저마다 진짜라고 떠벌이는 가짜들이 판치는 세상이지만, 진짜를 버리고 가짜가 대신할 수 있는 곳이 (치아 말고) 사람 몸 어느 부분이 있을까. 나의 잘못으로 나의 몸을 떠난 치아들에게 미안함의 글을 올린다.

고 선생은 자신의 진짜 치아들을 먼저 떠나보내야만 한 책임은 전적으로 자신의 무지와 무관심과 가난함 때문이라고 자책했다.

힘들게 음식물을 씹으면서 정작 맛은 혀가 보고 말은 목과 혀가 하는데 듣기 싫은 말 나오면 '이빨 까지 마!'라고 하니 힘든 노동을 하며 천대와 멸시를 받았구나.

그러고 보니 이런 대접받으며 사느니 차라리 먼저 떠나는 것도 나쁘진 않겠다.

평생을 함께한 치아와 이별 순간에도 선생은 유머를 잊지 않았다. 현생에는 못난 주인 만나 천수를 누리지 못했으니 다음 생에는 좋은 주인 만나 장수하라고 덕담까지 건넸다.

치약 광고 모델 할 좋은 주인 만나서 좋은 대접받으며 살고 주인의 육신이 썩어가는 것을 지켜보기 바란다.
그동안 수고했고 그리고 미안하다.

마침내 열린 고 선생의 입속을 보고선 이렇게 문재(文才)와 유머가 풍부한 사람이었다는 사실에 놀라고 또 놀랐다.
졸업 후 동문행사에서 선생을 만났을 때, 여전히 말수는 적었지만 웃을 때 선생의 손은 더 이상 입으로 올라가지 않았다. 수줍게 벌어진 입에서 하얗고 가지런한 치아들이 얼마나 반짝반짝 빛나던지. 치아는 가짜지만 웃음과 환한 표정은 진짜였다. 이미 뽑혀 사라진 진짜에겐 미안하지만 선생의 웃음과 표정을 되찾아준 가짜가 그렇게 멋있어 보일 수가 없었다. 부럽기까지 했다.

'가짜 글쓰기 선생이라도 좋으니 너처럼 인문학 선생님들 글에 꽉! 박혀 표정 짓게 할 수만 있다면, 다물어진 마음속 문(文)을 활짝 열어 젖힐 수만 있다면……'

정말 변하나요?

2월 수료식 날만 되면 기자로부터 예외없이 받는 질문이 있다. 노숙인이 인문학 1년 과정을 마치면 "정말 변하나요?" 이는 비단 기자뿐 아니라 내가 만난 대부분의 사람들로부터 비슷한 취지로 받는 질문이다. 그 질문의 기저에는 '노숙인은 변해야 한다'는 당위와 '나는 됐고'라는 당착이 깔려 있다.

지난 십수 년 동안 되풀이되는 이 질문에 나는 만족스런 답변을 한 기억이 없다. 우선은 한마디로 답하기가 너무 어렵고, 질문에 담겨 있는 어조나 뉘앙스도 너무 싫었기 때문이다. 문사철을 공부하는 것은 인간과 사회 그리고 자신을 깊고 넓게 성찰하기 위함이다. "정말 변하나요?" 묻는 당신도 답해야 하는, 나도 성찰하기 위해, 당신 말처럼 변하기 위해, 평생 공부해야 하는 학문인 것이다.

그렇다고 기자 탓만을 하는 건 아니다. 그는 단지 '노숙인이 왜 인문학을 공부하는가?'라는 우리 사회가 의아해하는 물음을 대신 물었을 뿐이다. 실은 우리 학교도 어쩔 수 없는 경우가 있다. 지원사업 공모신청서 경력과 실적 사항 란에 '인문학 과정 후 변화'를 수치로 환산해 계량화된 도표로 만들어 첨부한다. 하지만 안타깝게도 그 도표에는 인문학 이후 내가 얼마나 행복해졌는지, 내 사고의 지평이 얼마나 넓어졌는지, 내 눈빛과 말투와 옷차림이 어떻게 달라졌는지, 내(내 삶이)가 얼마나 소중한지, 나와 그 누군가를 얼마나 용서하게 됐는지, 새로운 친구가 몇 명이나 늘었는지, 어떤 취미를 새로 갖게 됐는지, 내 꿈이 뭔지 같은 것들이 들어갈 자리는 없다. 해서 "정말 변하나요?" 물음에 왜 내가 답을 할 수 없었는지, 답을 한다면 이렇게밖에는 할 수 없는 나만의 답을 말해보겠다.

박 선생은 2014년 9기로 입학했다. 30을 갓 넘긴 동기

중 막내로 중키에 100킬로그램이 훌쩍 넘는 체격에다 장난기 가득한 귀여운 얼굴이었다. 우리 학교 신입생 선발기준은 딱 하나다.

"무슨 일이 있어도 졸업 때까지 포기하지 않고 끝까지 갈 수 있겠습니까?"

면접을 통과한 분들은 선언하듯 모두 자신의 간절함을 표한 분들이다. 박 선생도 마찬가지였다. 그런데 학기 시작하고 한 달여 지나서부터 글쓰기 수업에 조퇴와 결석을 번갈아하더니 중반 이후로는 아예 수업에 나오지 않았다. 가끔 학교 가는 후암동시장 골목길에서 마주쳤는데, 그때마다 조금씩 다른 결석의 변을 늘어놓았다. 붙잡는다고 책상에 앉아 있을 마음이 아님을 알기에 굳이 따져 묻지 않았다. 그래도 동기들과 함께 지어먹는 저녁자리는 꾸준히 함께해 다행이라 여겼다. 그렇게 1학기가 지나갔다.

2학기 시작하고 얼마 되지 않아 우리 모두를 충격에 빠뜨린 일이 벌어졌다. 40대 중반의 고성원 선생이 돌아가신 것이다. 아무도 예상치 못한 갑작스러운 죽음이었다.

고 선생은 팔방미인이었다. 운동이라면 뭐든 잘했고

9기 학생회 자치활동에 열심이었으며, 무엇보다 인문학 졸업생이 중심이 되어 사회적기업 형태로 운영되던 '두 바퀴 희망자전거' 사업에 실질 경영자로 참여하기로 되어 있었다. 젊어서 한때 조폭생활을 하기도 했던 선생은, 학기 초 모든 술자리 모임에서 자기 앞에 놓인 술잔을 엎어놓았다. 그렇게 건강하고 자활의지가 강했던 그가 다시 든 술에 쓰러지더니 그만 영영 일어나지 못한 것이다. 돌아가신 후에야 선생이 알코올중독자였고, 지병으로 심장병까지 앓고 있었다는 사실을 알게 됐다.

선생의 장례는 9기 동기들이 상주가 되어 성프란시스학교장으로 치렀다. 선생이 서울역에서 맺은 연과 뿌린 덕이 많아선지 마지막 가는 길은 외롭지 않았다. 동기들 중에서도 3일을 꼬박 새우며 마르지 않는 눈물로 고 선생 곁을 지킨 이가 바로 박 선생이었다. 그동안 내가 보았던 장난기 가득하고 뺀질한 얼굴에서 어떻게 그리 맑고 슬픈 눈물이 마르지 않고 흘러내릴 수 있는지……. 박 선생은 고 선생의 영정사진을 들고 장례행렬 맨앞에 서서 화장장으로 들어가 놓아준 후, 오열했다.

그 후로 박 선생은 고 선생의 빈자리를 메우려는 듯 졸업 때까지 한 번도 빠지지 않고 수업에 참석했다. 장례식 때 흘린 눈물로 빨래를 한 듯 얼굴과 행동도 전과는 완연히 달라져 있었다. 고 선생과 박 선생 사이에 내가 모르는 어떤 특별한 관계라도 있었던 걸까.

그로부터 6년이 지나고 15주년 기념 문집책 『거리에 핀 시 한 송이 글 한 포기』를 발간하는 과정에서 나는 그 둘 사이의 특별한 관계를 알게 됐다. 문집을 책으로 발간한다는 소식을 듣고 박 선생이 찾아와 내게 뭔가를 내밀었다.

"성원이 형이 내게 건넨 거예요. 6년 동안 간직하고 있었는데, 이젠 교수님 드려도 될 것 같아서요."

200자 원고지에 연필로 쓴 편지였다. 오래되다 보니 접힌 부분이 헐고 연필 글씨가 흐려져 알아보기조차 어려웠다. 다만 뚜렷하게 보이는 "○○아 사랑한다."

『거리에 핀 시 한 송이 글 한 포기』 책 발간을 위해 15권 졸업문집을 편집위원 네 명이 돌아가면서 읽었다. 9기 졸업문집에 실린 박 선생의 글 <리어카를 끌고 여름 바다로!>를 펼쳤는데, 그해에 분명 읽었을 텐데 너무 낯설었다.

지난 일을 회고하는 수필인데 독특함을 넘어 '기이한' 여행담이었다. 글에는 한 줄 가족사와 한 문단 가정사가 담담하게 기술돼 있었다. 부모님은 일찍 돌아가셨고, 20대 때 함께 그림을 그리다 만나 동거한 아내는 후배와 바람나 이혼했다. 그 일로 선생은 방황했고 몸도 나빠져 변변한 일자리도 얻을 수 없었다. 그러던 어느 날 평택을 돌아다니다 우연히 고물을 줍는 어린애를 보았다.

'아! 고물이 돈이 되는구나.'

선생은 서울역으로 와 고물을 주웠다. 고물을 주워 판 돈을 한 푼 두 푼 모아 리어카 한 대를 샀다. 리어카로 고물을 모아 번 돈이 60만 원쯤 되던 날, 선생은 갑자기 바다가 보고 싶어 견딜 수가 없었다. 그 길로 단골 고물상 주인 아저씨의 도움을 받아 침낭과 가위, 드라이버, 자석, 큰 마대자루 두 개를 준비해 리어카를 끌고 무작정 부산 바다를 향해 떠났다.

"피복을 벗기지 않아도 자석을 대보아서 붙지 않으면, 알지?"

가장 값이 나가는 고물, 구리다. 한쪽은 구리용 다른 쪽은 철붙이용으로 리어카 양쪽에 마대자루를 매달고 왕복 세 달간의 기행이 시작됐다. 봄에서 여름으로 막 넘어가는 스물아홉의 부산행이었다. 리어카를 끌고서.

 길은 무조건 큰길을 따라 조치원에서 청주로 그리고 대전으로 고물을 주워 팔면서 갔다. 어두워지면 돌이나 파지로 바퀴를 괴어 리어카 균형을 잡고, 안에는 박스를 쌓아 매트리스처럼 푹신하게 한 후 침낭을 덮고 잤다.

 리어카를 끌고가는 여정을 선생은 이렇게 표현했다.

 "내 지난날도 끌고 있었다."

 돌아가신 부모님, 이혼한 아내, 연이 모두 끊어져버린 사람들. 그렇게 끌고온 지 한 달 반, 마침내 부산 해운대에 도착했다. 그렇게 보고 싶어 리어카를 끌고 또 끌고 온 바다였건만, 막상 바다 앞에 서니 허무했다.

 여기 왜 왔을까. 남들은 편하게 오는 길을 왜 이렇게 고생스럽게 왔나. 허무했다. 놀러온 가족들이 모래밭에서 깔깔대며 웃고 있었다. 나도 저런 때가 있었나. 바다가 물었다. '너 왜 왔냐?' '고물일을 하고 있는데, 너무 힘들고 네가 너무 보고 싶어서.' 바다는 말이 없었다.

선생은 온 길을 되짚어 다시 한 달 반 리어카를 끌고서 서울역으로 돌아왔다. 이렇게 맺음된 <리어카를 끌고 여름 바다로!>는 9기 졸업문집에 실린 선생의 유일한 글이자, 1년 인문학 과정 중 선생이 쓴 단 한 편의 글이었다. 어쩌면 태어나 처음 써본 글일지도.

졸업 후 1년에 두세 번 정도 학교 오가는 길에서 선생과 마주쳤다. 굼뜬 큰 덩치는 그대로였지만 얼굴은 어찌나 해맑은지 멀리서 인사하며 달려오는 선생이 무척 반가웠다. 그렇게 서울역을 떠나지 않고 학교 주변을 오간 지 3, 4년 후, 새 학기가 되어 학교에 왔는데 뒷모습이 낯익은 사람이 주방에서 뭔가 분주하게 일하고 있었다.

"어! 박 선생님! 어떻게 된 거예요?"
"네, 오늘부터 주방봉사하기로 했어요."

과거 식당일을 한 경험으로 선생은 무려 2년 동안 한 끼도 빠짐없이 인문학 후배들을 위해 저녁을 지었다. 좁은 주방을 그 큰 덩치로 독차지하고선 뭉뚝한 손으로 차려내는 음식을 나는 식판에 담아 밥풀 하나, 깍두기 하나 남기지 않고 싹싹 비웠다.

학교에서 박 선생을 못 본 지 2년이 넘었다. 코로나로 밥을 짓지 못해 저녁이 도시락으로 대체됐기 때문이다. 코로나가 진정된다 해도 서울역 진료소 3층으로 이전한 교사가 좁아 음식을 만들고 식사를 할 공간이 없어 선생이 다시 주방봉사할 기회는 없을 것이다. 그렇더라도 난 걱정하지 않는다. 어디에선가 마주치면 고물 한 짐 얹은 리어카를 놓고 달려와 구릿빛 미소로 인사하리란 걸 믿어 의심치 않기 때문이다.

작년과 올해 인문학 수료식은 코로나로 방 많은 식당을 빌려 비대면 약식으로 치러졌다. 한 가지 다행이라면 그 뻔한 기자의 물음에 답하지 않아도 됐다는 점이다.

"정말 변합니까?"

여름이 저무는 소리

2021년 3월 초순, 아직 봄꽃도 피기 전인데 『여름이 저무는 소리』라는 책을 택배로 받았다. 포장을 뜯으니 책은 리본매듭을 한 노끈으로 묶여 있었다. 보낸 이의 정성을 느끼며 나는 조심스럽게 노끈을 풀었다. 돌돌 말린 주먹을 펴듯 책 표지 위에서 화사하게 빛나는 보랏빛 별꽃 '꽃마리.'

2019년 3월 초순, 나는 온몸을 얼어붙게 하는 문자 한 통을 받았다.

"이 세상에서 가장 아름다운 이가 새벽의 별처럼 빛이 되었습니다."

나는 떨리는 손으로 문자를 찍었다.

"안 돼. 이럴 수는 없어. 세상에 신이 존재하는지는 모르겠지만, 있다면 신은 천벌 받을 것이오. 안 돼!"

하지만 어떤 대목이 마음에 걸렸는지 나는 그 문자를 보내지 못했다. 대신 이렇게 보냈다.

"나는 이 세상 누구보다 두 부부는 서로 신뢰하고 사랑하며 존경했음을 증언하는 증인으로 남겠소."

송수경, 그녀는 13년 전 성프란시스 인문학 과정 1호 자원활동가였다. 그녀가 홈리스 선생님들에게 만들어준 온라인카페 홈home에서 사용한 아이디가 '꽃마리'였다. 1년 동안 그녀는 자신의 아이디처럼 인문학 4기 선생님들에게 별처럼 반짝반짝 빛나는 존재였다.

그렇게 1년이 지나고 4기 졸업이 다가왔다. 풀었던 꽃마리도 다시 돌돌 별빛을 말아야 할 때, 아무도 모르게 별을 딴 온달장군이 나타났다. 4기 학무국장이었던 이선근. 그가 1년 동안 무릎 꿇고 낮게 엎드려 수없이 눈 맞추고 꽃마리를 불렀다는 걸 우리는 아무도 눈치채지 못했다. 2009년 봄날, 꽃마리는 다가와 자신의 이름을 불러준 이선근 낭군의 인생 반려자가 되었다.

결혼 후 신랑은 교회 전도사와 신학대학원생으로, 아내는 사회복지사 대학원생으로 평택에서 신혼살림을 꾸렸다. 해마다 안부인사를 거르지 않던 신랑은 몇 년 후 잘생긴 아들을 업고 아내와 함께 내가 다니던 구립도서관까지 찾아왔다. 단란한 일가를 이룬 온달과 꽃마리가 얼마나 행복해 보이던지 그야말로 반짝반짝 빛나는 별빛가족이었다.

이후로도 신랑은 정기적인 안부인사로 자신들의 근황을 전해주었다. 자신은 신학대학원을 마치고 유학을 갈까 고민 중이며, 아내는 평택대에서 상담학으로 박사과정을 곧 이수할 예정이라고. 나는 단언컨대 내 주위에서 이 부부만큼 서로를 존중하고 신뢰하며 사랑하는, 그리고 우리 사회의 약자들을 위한 관심과 배려를 삶으로 실천하며 참된 믿음으로 신앙생활을 하는 젊은 부부를 본 적이 없다.

그런 부부를 2019년 3월 5일, 세상은 그리고 신은 하늘과 땅으로 갈라놓았다. 폐암이 발병한 지 1년 반, 44세의 나이로 그녀는 사랑하는 남편과 아이를 땅에 남겨두고 홀로 하늘의 별이 되었다.

어쩌면, 나처럼, 그리고 세상처럼, 저 전능한 신도 그녀를 잃었는지 모른다.

- 「여름이 저무는 소리」에서

『여름이 저무는 소리』는 지난 2년 동안 아내를 기억하며 그가 쓴 시와 단상, 그리고 사진을 책으로 엮은 것이다.

책은 3부로 구성돼 있는데 저자는 서문에서 '2020년(1부)부터 2019년(2부)까지는 시간의 역순으로 감정이 흘러왔던 길을 되돌아가고, 2018년(3부)은 살아 있던 그녀가 죽음에 다가가는 과정을 따라갔다'고 밝혀 놓았다. 불과 200여 쪽밖에 안 되는 글길이지만 나는 쫓아가기가 벅찼다. 어떤 길목에선 내 눈길로도 저들 슬픔의 성역이 침범되어서는 안 될 것만 같았다. 그럴 때면 나는 잠시 책갈피로 내 눈을 덮었다.

그녀가 잠이 들려 할 때, 나는 그녀의 관자놀이, 이마, 턱, 그리고 가슴에 라벤더 오일을 각각 한 방울씩 바르며, 따뜻하고 경건한 햇살의 목소리로 선언한다.

생명, 평화, 아름다움, 헌신, 그리고 사랑, 이 가치들은 그대에게 허락된 것입니다. 그대가 나를 사랑하고 내가 그대를 사랑합니다. 우리는 아주 오래전에 하나였고, 다시는 헤어지지 않을 것입니다.

호스피스 병동에서 숨을 거두기 며칠 전에 그녀 머리맡에서 그가 한 거룩한 선언이다. 그녀를 보내고 난 500일 동안 밤만 되면 그는 "별빛을 잃은 별빛"이었고, 그가 "살아왔던 이유였"던 그녀가 이제는 그가 "죽어가는 이유"가 되었다. 목숨은 한 사람에게만 부여된 몫이지만 그는 "죽음은 반드시 죽은 이만의 것이 아니다. 죽음은 되려 산 자의 처연한 것이 된다"고 썼다. 아내를 보내고 그녀의 유품을 정리하다 맞닥뜨리게 되는 산 자의 처연함을 그는 이렇게 표현했다.

보바스 병원에 있을 때, 그녀는 새해에 사용할 가계부 다이어리를 기록하고 있었다. 가족의 기념일과 한해살이를 달마다 세세하게 기록한 것인데, 12월 마지막 장에는, 그녀가 투병한 지 만 2년이 되는 기념일에 동그라미를 그려놓았다. 그런데 거기에 눈물이 떨어져 얼룩이 남았다. 비록 그녀 자신이 세상에서 곧 사라진다는 것을 알고 있지만, 이 동그라미는 부디 그곳에 있었으면 했던 것이다. 동그라미는 그곳에 있어야 했다. 그러고 나서 며칠 후 하늘이 보고 싶다고 했던 그녀의 마지막 말이, 지금 저 하늘 아래 너무 생생하여, 나는 엉엉 운다. 도저히 너무 슬퍼서 참을 수 없다. 고속도로를 가속하여 달리는 동안 슬픔이, 나 혼자 울어야만 하는 슬픔이, 나와 함께 시속 100키로의 속도가 되어 준다. 삶도 죽음도 괴로운 나, 그녀의 죽음이 내게서 끊임없이 반복하고 있다는 사실을 깨닫는다.

책 마지막에 엄마가 살았다면 아들과 함께 어떤 일을 하고 싶었을까를 상상하며 저자는 깨알 같은 목록을 적어놓았다.

- 예섭이 성년 축하 파티해주기

　(스무 송이 장미꽃과 향수 선물하기)

- 아빠랑 예섭이 힘들 때 곁에서 무조건 응원하며,

　또 믿어주며 하소연 들어주기

- 새로운 맛집 아빠랑 예섭이랑 찾아다니며 맛 품평하기

- 예섭이 유치원 버스 등하원해주기

- 매년 아빠와 예섭이 생일 축하해주기

[추신]

꽃마리, 올해로 성프란시스 인문학 과정이 17년째예요. 작년엔 교육계의 연암 선생, 곽노현 신임 학장님을 맞았지요. 꽃마리가 첫발을 내딛은 후로 50여 명의 자원활동가들이 거쳐갔답니다. 성프란시스 인문학 과정 20주년 책이 발간되면 연혁에 '2008년 1호 자원활동가 송수경'이라 적고 '동그라미'를 그려넣을까 해요. 꽃마리, 혹 우리 선생님들 쓰러지면 아침이슬 동그란 새벽 별빛으로 바닥잠 깨워주세요. 다시 일어서라고.

숙제귀신

"숙제검사 해주세요. 크흥~."

졸업한 지 3년이 지났는데도 아직까지 숙제검사를 요구하는 학생이 있다. 내주지도 않은 숙제를 검사해달라고 한밤중과 꼭두새벽에 카톡 문을 두드리는 '숙제귀신'.

늦은 밤까지 잠 못 이루는 사람은 이 괴기스런 숙제귀신 이야기를 한번 들어보시라. 다 듣고 나면 당신도 나처럼 이 귀신에 '크흥' 홀려 숙제검사를 하지 않고는 잠들지 못할 것이다. 자신을 '떠돌이 알코올중독자 행패쟁이'였다고 소개하는 숙제귀신이 성프란시스대학에 오기 전까지의 이야기보따리를 '1인칭 주인공 시점'으로 풀어보겠다.

떠돌이였던 아버지는 20대 초에 얼굴도 본 적 없는 엄마에게서 나를 낳아 보성 시골 할머니에게 맡겼어요. 그러곤 영장이 나와 아버지는 입대했지요. 군 제대 후 아버지는 고향으로 내려와 새장가를 들어 8살 때부터 나는 새엄마 밑에서 자랐습니다. 처음에는 친자식처럼 잘 돌봐줬던 새엄마도 자신의 자식을 낳은 후로는 완전히 다른 사람이 돼버렸어요. 나를 굶겨죽일 작정인지 제때 먹을 것도 안 주었지요. 해서 나는 동네 아무 집 부엌에 들어가 솥을 뒤졌고, 남의 밭에서 무나 고구마를 캐먹으면서 허기를 달랬습니다. 하지만 새엄마의 차별보다 더욱 견디기 힘들었던 건 아버지의 무지막지한 폭력이었어요. 그렇게 아버지의 폭력에 시달리다 학교를 보내준다는 마을 이장 댁 꼬마머슴으로 들어가게 됐지요. 이 담에 커서 내 손으로 아버지를 죽여버리겠다고 다짐하며 나는 집을 떠났습니다.

이장 댁 꼬마머슴으로 학교는 다닐 수 있었지만 도시락 한 번 싸가지 못했어요. 내 삶의 이력을 잘 아시는 담임 선생님이 도시락 뚜껑에다 반 아이들 도시락에서 한 숟

가락씩 덜어내어 나를 주시곤 했지요. 그렇게 국민학교를 다니던 중, 집안 친척 중에 양복점을 하시는 분이 어린 나에게 일을 가르쳐주겠다며 데려갔어요. 하지만 1년 만에 일을 못한다며 내쫓았습니다. 그 후로 시골에 백 씨 아저씨란 분이 대전으로 데려가 중국집에서 배달일과 잡일을 시켰지요. 3년 동안 죽도록 부려먹고는 먹여주고 재워준 것만으로도 감지덕지라면서 돈 한 푼 주지 않았습니다. 십대 중반에 그곳을 나와 부천 신발깔창 공장으로, 이문동 봉직공장으로, 마침내 이십대에 오징어잡이 원양어선 배를 탔습니다.

배를 타는 동안은 돈 쓸 일이 없어 자연스럽게 돈이 좀 모였어요. 처음 손 안에 목돈을 쥐니 어디선가 '첫 월급은 부모님께 드리는 것'이란 말을 들었던 기억이 나면서 이상하게 내 손으로 죽이고 싶었던 아버지 생각이 나더군요. 그 길로 십여 년 만에 아버지를 찾아갔어요. 어색한 마주침을 빨리 지우려 제주도라도 다녀오시라고 50만 원을 건넸지요. 아무 말 없이 받고는 아버지도 어색했던지 집을 나서더군요. 이복동생과 한 이불에서 자고 있는데 술냄새를 피우며 아버지가 들어왔어요.

"부모 없이 배 타는 놈 자식도 아니다."

고래고래 소리를 지르고 물건을 마구 집어던지면서 애꿎은 새엄마와 이복동생에게 화풀이를 해댔지요. 아버지로서 알량한 자존심이 남아 있었던 거죠.

한 시간이 지나도 아버지의 고성과 폭력이 멈출 기미가 안 보이자 꾹 눌러놨던 내 속 응어리가 터져버리고 말았어요. 눈이 뒤집힌 나는 아버지를 밀쳐 방바닥에 눕히고선 가위를 목에 대고 그만하라고 소리를 질렀어요.

"으~ 씨발, 이젠 내게 아버지 같은 건 없어."

문을 박차고 방을 나왔죠. 마당을 나서는데, 등 뒤로

"가져가 이 새끼야!"

아버지 목소리가 들리면서 만원짜리 50장이 마당에 뿌려졌어요.

그 뒤로 살려고 인력회사에서 보내주는 곳이면 어디든 갔습니다. 광주아시아자동차 하청, 여수 양식장, 목포 조선소, 심지어 1년 동안 조직폭력에도 몸담았지요. 그러다가 2015년 50세 되던 해, 막일 나갔다가 큰 돌이 왼쪽 손목을 덮치는 사고를 당했어요. 그 사고로 장애 6급 판정을 받고 더 이상 일을 못하게 됐습니다. 반병신이 된 자신을 보니 불안하고 우울해지고 병적으로 예민해져 매일 술독에 빠져 주위 사람과 싸움질만 해댔습니다. 고시원에서도 쫓겨나 쪽방에서 기초수급자로 살아갔어요. 매일 술에 절어 관할 사회복지사 선생님의 집중관리 대상자가 됐지요. 그러던 2022년 봄, 복지사님이 성프란시스대학을 소개해주셨어요.

복지사님의 소개로 얼떨결에 입학하기는 했는데, 학력이라곤 초등학교 4년이 전부여서, 한글도 잘 모르고 말도 서툴러 그 어려운 대학과정의 인문학을 공부한다는 게 말이 안 됐어요. 도저히 적응이 안 돼 입학하자마자 학교 가지 않고 방에 틀어박혀버렸지요. 한 달쯤 지나니 자동퇴학처리됐다고 연락이 오더군요. 그런데 나도 모르게 속에서 부아가 치미는 거예요. 내게 한마디 묻지도 않고 퇴학을 시키다니! 술 먹고 실무자에게 전화 걸어 다짜고짜 따졌습니다.

"그러면, 수업 전에는 절대로 술 안 드시고 올 수 있으세요?"

그러겠다고 다짐하고 조건부 재입학을 했지요. 그런데 그런데 말입니다. 순철이가 대학생이 되더니 세상이 놀라고 나도 놀랄 일이 벌어졌어요. 순철이가 회까닥 뒤집힌 겁니다. 크흥~.

오전에는 중구 복지센터에서 단주교육과 컬러링북 색칠하기와 일기쓰기 프로그램에 참석하고 저녁에는 인문학수업에 참석했어요. 순철이의 하루가 싹 다 바뀐 겁니다. 특히 처음해보는 색칠하기가 재밌었어요. 처음엔 바탕그림에 채색만 하다가 신문지 바닥에 도화지를 올려놓고는 물감으로 아무 그림이나 막 그리기 시작했지요. 주로 나무나 꽃부터 그리기 시작했어요. 내가 봐도 꼭 초등학교 4학년생이 그린 것 같더라고요. 잠도 오지 않아 그중에 조금 괜찮다 싶은 걸 용기를 내 오밤중에 성프란시스대학 인문학 온라인카페에 올렸어요. 아침에 눈을 뜨자마자 카페에 들어갔더니, 이런! 동기들과 자원활동가 그리고 교수님의 칭찬 댓글이 주렁주렁 달려 있는 게 아니겠습니까. 태어나서 처음 받아보는 칭찬에 눈물이 핑 돌았어요.

그 후로 시도 때도 없이, 맨정신이든 술에 취해서든 마구마구 그림을 그려댔습니다. 어쭙잖게 제목도 붙였지요. '루카 친구 문순이, 민들레 꽃말 변함없는, 6월 크리스마스, 용암 이글거림, 뜨거운 흐름, 오만, 사랑하라, 소나기 가옥, 방향, 시도 때도 없이 피고 싶은, 여의도나루공원에서 카메라 들고 폼잡는 그녀, 그리운 눈동자, 카멜레온, 반짝이 하늘별만큼 빛나길, 흑막걸리 반죽 연산홍 보조출현, 우울한 마음 달래기, 용건만 간단히, 연인, 입학식.'

어느샌가 하루 이틀 카페에 그림을 안 올리면 왜 안 올리냐고 야단이 났습니다. 글쓰기 교수님은 한술 더 떠 그림에 대한 간단한 감상까지 글로 써보라고 채근까지 했어요. 과분한 관심과 칭찬에다 내 그림을 기다린다는 부담감까지, 난생 처음 느껴보는 이상야릇한 흥분과 설렘으로 가뜩이나 불면증으로 잠 못 이루는 밤을 하얗게 새는 날이 더욱 많아졌습니다. 그래도 신이나 마구마구 그림을 카페에 올렸어요.

"숙제검사 해주세요. 크흥~."

이렇게 해서 '숙제귀신'이 탄생하게 되었다.

어느 밤, 숙제귀신이 자화상을 그려 카페에 올렸는데, 굵은 터치로 이목구비 윤곽만 있는 얼굴에 칼자국마냥 온통 붉은 선들이 그어져 있었다. 나무와 풀꽃 같은 따듯하고 밝은 그림만 보다가 마주한 이 기괴한 자화상은 충격 그 자체였다.

그 충격으로 우리는 숙제귀신을 '서울역 피카소, 서울역 바스키아'로 불렀다. 그림이라곤 복지센터에서 단주교육의 일환으로 바탕그림에 색칠하기밖에 해본 적이 없는 귀신에 우린 모두 홀린 것이다.

숙제귀신에게 홀린 건 그림뿐이 아니다. 한글맞춤법이 무시된 그의 거침없는 입말체 시에도 신기(神氣)가 흠씬 배어 있었다.

내동댁

김순철

봄 하늘 바라보니 꽃구름 몽실몽실 햇빛이 보일듯말듯
갓시집온 새색시 내동댁 못댄서방 주색잡기 버릇에
동네방네 얼굴둘곳없어
치마자락 얼굴을묻고 밤하늘 바라벼며 시집잘못온죄
이제와서 누굴믿고 한많은 내팔자야
시어머니 시집살이 없어 그나마 다행이네 봄가고
미운 서방 어서죽어라 신령님께 빌어보세

어린 나이에 아버지 둘째 각시가 돼 죽어라 고생만 한 새어머니 내동댁에 빙의한 듯, 숙제귀신의 말글에는 무당의 비손 같은 주술의 힘이 느껴졌다.

2022년 9월 26일에서 30일까지 국회의원회관에서「거리에서 움튼 글, 그림으로 피어나다」라는 제목으로 시화전을 열었다. 개막식 때 여야의원 7명이 참석했는데 사이좋게 나란히 앉아 끝날 때가지 한 분도 자리를 뜨지 않는, 국회에선 보기 드문 장면을 연출했다. 그들을 진중하게 붙들어맨 건 의미와 감동, 그리고 진실이었을 것이다. 무엇보다 뭉클했던 건 전시회장에 들어서는 오른쪽 입구 첫 부스에 숙제귀신의 개인 전시공간이 마련됐다는 점이다.

며칠 전 밤, 숙제귀신이 카톡 문자와 함께 새로 그린 그림 두 점을 보내왔다.

"교수님 칭찬에 마음이 뜨거워 짚니다 글을 써야 하는데 글쓰는 게 어설퍼 그림으로 숙제 올려 습니다."

'선생님 그림엔 시가 있다'고 답글을 보냈더니 이렇게 답장이 왔다.

"시 숙제는 넘 무서워요 그래서 그날 기분을 글 대신 그림으로 전해드립니다."

숙제귀신이 시 숙제를 무서워한다고? 나는 엄살떠는 숙제귀신의 진짜 속내를 안다.

내가 시인이 댈까 무섭다

김순철

내가아파할까 두렵고 나는그냥 나였으면 좋겠습니다
누군가 지케보는게 부담스럽고 나을질책 하고 싶지
않습니다
그저기다리는 누군가에게 양보하며 오래생각하고
느릿느릿 울어도보고
시을죽도록 미워하며 쓰고 또 눈물 지저예으며 존재
하다 춤추다 노래하며
아리랑3박자 놓치지 말고 상사화 잎사랑 그리며
아차산 바보순철 평강공주 그리는 멍청이 애타는밤
참이슬 내리는밤
그리세어 보렵니다

숙제귀신 이야기는 여기까지다. '크흥.' 그래도 아직 잠들지 못한 독자는 유튜브에 '18기 김순철 시화전 영상'을 쳐 마지막 숙제검사를 해보시라.

수백과 촌놈

"저희 선생님들은 하우스리스houseless가 아닙니다. 홈리스homeless지요."

우리 학교 역사 교수의 말이다. 그렇다. 거리 노숙인이라도 마음만 먹으면 시설에서 잘 수 있고, 의지만 있으면 자활을 해 고시원이나 쪽방 정도는 얻을 수 있다. 하지만 거리 노숙인의 마음과 의지로도 얻을 수 없는 게 있다. 홈home, 가정이다. 그러니까 거리노숙은 홈리스의 현상일 뿐이다.

홈리스가 된 이유는 사람마다 다를 것이다. 하지만 많은 경우 홈리스의 시작은 결손가정에서 비롯된다. 어린 시절 가정이 깨지고, 생부모로부터 버림받으며 생긴 트라우마는 그 어떤 것으로도 완전히 치유될 수 없다. 그나마 가장 효과적인 치유라면 성인이 되어 자신만의 온전한 가정을 이루는 것이다. 하지만 이들이 가정을 이루기까지 극복해야 할 장벽이 너무도 많다.

결손가정이란 응당 부모에게서 받아야 할 사랑, 가족으로부터 쌓일 신뢰, 가정에서 누려야 할 행복의 '결손'을 의미한다. 이런 결손으로 인해 낮아진 자존감으로는 집 밖 세상에서 넓혀가야 할 온전한 관계형성을 기대하기 힘들다. 설사 피나는 노력으로 높은 사회적 장벽을 뚫고 진입했다 하더라도 숨 막히는 이 무한경쟁 사회에서 한두 번은 낙오의 위기를 맞이할 수밖에 없다. '관계'란 추락했을 때 다시 딛고 일어설 수 있는 '발판'이다. 그중 가장 밑바탕이자 가장 두텁고 단단한 발판이 '가정'이다. 홈리스의 본질은 바로 그 발판, 즉 가정의 상실이다. 넘어진 자가 짚고 일어서야 할 발판이 없는 것이다.

성프란시스대학 1년은 인문학을 매개로 자연스레 '관계회복'을 모색하는 과정이다. 해서 저녁 한 끼는 선생님들이 직접 지어 교수, 활동가, 실무자 모두 함께 밥을 나눈다.

말 그대로 '식구(食口)'가 된다. 자치회를 구성해 학우들의 경조사를 챙기며 일상의 희로애락을 나누는 이웃사촌이 된다. 학기 중이나 졸업 후 유명을 달리한 선생님 중 가족이 나타나지 않거나 시신인도를 거부할 경우 학교장으로 장례를 치르는데, 같은 기수 선생님들이 상주를 맡는다. 그땐 정말이지 우리가 진짜 가족이 된다. 그러니까 성프란시스 인문학 1년은 사제, 친구, 형제, 선후배, 가족 등 다양한 관계형성을 모색하는 과정이다.

이 관계형성을 모색하기 위해 각 기수별 온라인카페가 개설된다. 수업과 관련된 방, 자유로운 이야기를 주고받는 방, 한 줄 수다방, 사진을 올리는 앨범방 등에 늦은 밤 빨간 불이 켜지고, 그 안에선 수줍은 속내들이 들려온다. 그 속내에 친구같이, 형같이, 아버지 어머니같이 귀 기울이는 댓글들. 누군가 내 얘기를 들어준다는 이 흥분되고 설레는 기분은 이전엔 느껴보지 못한 낯선 경험이다. 내 이야기 글에 학우, 자원활동가, 교수들이 사랑과 신뢰의 귀를 열어주는, 글 한 편에 한 뼘 자존감이 자라는 이 방은, 그래서 우리 선생님들에겐 가정(home)이다.

하지만 이 가정 같은 온라인카페방도 1년간 성프란시스 인문학 과정을 수료하면 다음 기수에게 비워줘야 한다. 물론 졸업 후에도 각 기수 카페방은 운영된다. 그렇지만 졸업 후, 인문학 수업과 연동되지 않는 카페엔 발길이 뚝 끊겨 사실상 폐가나 다름없다. 해서 10년 전, 모교를 그리워하는 많은 동문들이 찾아와 필담으로 식구의 정을 이어가기를 바라는 마음에서 온라인 '총동문회 카페'를 개설했다. 예상대로 개설 후 처음 1, 2년은 각 기수 동문들이 밝힌 불로 방은 따듯했다. 하지만 3, 4년이 지나자 발길이 점차 뜸해지더니 5년째엔 발길이 거의 끊겨버렸다.

그럼에도 불구하고 이 적막강산 같은 넓은 방을 지난 5년간 촛불 두 개로 지켜온 이가 있다. '수백'과 '촌놈'. 수백은 '한 줄 수다방'에 한 줄 인사로, 촌놈은 '우리들의 이야기방'에 하루 이야기로 폐교나 다름없는 총동문 카페의 심지에 불을 밝혀놓았다.

"오늘도 즐거운 하루가 되길 바랍니다."
"눈길 조심하기 바랍니다."

"추운 날씨에 건강 조심하기 바랍니다."
"즐거운 추석명절이 되길 바랍니다."
"행복한 주말 보내길 바랍니다."

수백의 한 줄 인사는 집 나서는, 집 떠나 있는 식구들에게 건네는 엄마의 당부 같다. 촌놈은 '우리들의 이야기방'에 자신에게 건네는 말글(자장가, 가족사진, 나는 꼭 필요한 사람이다), 동문과 함께 나누고 싶어 퍼온 글(봄길, 두 마리 늑대, 3초만 더 생각하세요), 혼밥과 혼술 사진(쓰러진 소도 벌떡 일으킨다는 낙지, 주꾸미가 돌아왔다), 비 내리는 밤 함께 듣고 싶은 음악(비가 내리는 어느 늦은 밤 1~7탄) 등으로 푸짐한 성찬을 차렸다. 촌놈이 차려놓은 우리들의 이야기는 식구와 친구를 기다리는 생일상 같다.

그런데 이 둘이 찾는 이 하나 없는 총동문 카페방을 다섯 해나 지키고 있는 이유는 뭘까? 수백은 4기 졸업생이다. 건설사업을 했는데, IMF로 부도나 집 팔아 빚잔치하고 가족들은 모두 뿔뿔이 흩어졌다. 신불자로 거리로 나와 일용직 잡부로 떠돌았다. 2005년 여름 몇 개월짜리 건축 일자리가 있다기에 순천으로 내려갔는데, 그만 펑크나버려 '에이, 내 인생은 여기까지인가 보다' 하고 죽으려고 공원에서 25일 동안 술만 퍼마셨다. 26일째 되는 날, 피를 토하고 쓰러졌다. 그런데 아직 죽을 팔자가 아니었는지, 지나가던 수녀님이 발견해 119에 실려가 응급실에서 사흘 만에 깨어났다. 그러곤 단주센터 '카프'에서 치료를 받으며 단주를 시작했다. 몇 주 몇 개월 주기로 실패를 거듭해 거리에서 각혈하고 쓰러져 119에 실려 응급실을 오가기를 몇 차례, 마침내 2008년 성프란시스 인문학을 만나 지금까지 술 한 잔 입에 대지 않고 있다. 그렇게 단주엔 성공했으나, 8년 전 간경화로 굳어진 간은 간암으로 발전되고 말았다. 해마다 재발돼 지금까지 10여 차례나 시술을 받았다. 하지만 걱정어린 내 눈빛을 안심시키며 수백은 말한다.

"알코올중독자 단주 성공률이 5% 내외랍니다. 간암 완치율은 그것보다 서너 배는 높대요."

수백은 성프란시스대학 내 동아리로 18년째 이어오고 있는 풍물패 '두드림'의 북잽이다. 매주 목요일 저녁 10여 년 동안 한 번도 빠짐없이 수백이 두드린 북은 둥둥둥 멈추지 말라고 두드리는 그의 심장일지도 모른다. 지난 5년 동안 '한 줄 수다방'에서 건넨 한 줄 인사는 '오늘도 잘 버티자'고 자신에게 건네는 당부인지도 모른다.

촌놈은 11기 졸업생이다. 어느 날, '우리들의 이야기방'에 <가장 아름다운 댓글>이란 제목의 글을 퍼 올렸다.

안 쓰는 화분에 새싹이 나서 물을 주고 잘 키웠더니 꽃이 피었습니다. 이건 꽃인가요, 잡초인가요? 한 네티즌이 인터넷에 올린 질문입니다. 그 질문에 이런 답글이 달렸습니다. "기르기 시작한 이상 잡초가 아닙니다." 이 답글은 가장 아름다운 인터넷 댓글로 선정되어 초등학교 교과서에도 실렸다고 합니다. 저절로 자라면 잡초이지만 관심과 정성을 쏟으면 화초라는 얘기지요. 우리의 삶도 이와 다르지 않습니다. 우리가 태어날 때는 귀하고 아름다운 존재로 세상에 태어나지만 스스로 자신을 보살피고 가꾸지 않으면 금세 잡초가 되겠지요. 스스로를 돌보고 정성으로 자신을 가꿔갈 때에 내 삶은 화초가 되고 내가 걷는 길은 꽃길이 될 것입니다.

- 《좋은 글》에서

혼밥, 혼술 사진을 올리고, 비 내리는 밤엔 음악을 올리며 5년 동안 촌놈이 기다린 것은 한마디 댓글 아니었을까. 내용이야 어떻든 '가장 아름다운 댓글'이었을 한마디.

헌데 기다리다 지친 걸까. 요 몇 달 동안 총동문회 '우리들의 이야기방'이 캄캄하다. 걱정 반 미안한 마음 반으로 나는 『거리에 핀 시 한 송이 글 한 포기』에 실린 촌놈의 시를 댓글이라 여기며 이곳에 퍼 올린다.

멀리 버리고 싶다

구O선

길을 걷다 나뭇잎 하나 주워
깨끗하게 닦아 글을 쓴다

지난날의 과오, 이별, 슬픔, 실수 등등
그리고 바닥에 떨어진 나뭇잎들 사이로 슬쩍 끼운다
바람이 불어 아주 멀리 가기를

무연고라니?

"큰 소리로 따라해보세요. 以文會友(이문회우)하고 以友輔仁(이우보인)하라. 글로써 벗을 모으고, 벗으로서 어진 사람이 되는 걸 도와라."

글쓰기 첫 시간에 칠판에 써서 함께 낭독하는 공자님 말씀이다.

"이제부터 선생님들은 글로써 그러니까 인문학을 매개로 글벗이 되는 겁니다. 이 글벗들을 통해 어진 사람이 되도록 도우십시오. 성프란시스대학은 서로에게서 배우는 선생님의 학교입니다."

인간관계의 시작이자 끝인 가족관계의 단절이 단초가

돼 결국 거리까지 내몰려 홈리스가 된 분들이, 자신을 성찰하고 관계회복을 모색하는 과정이 성프란시스 인문학 과정이다. 교실 내에서는 호칭을 선생님으로 통일해 평등한 글벗 인격체로 서로 존중하게 한다.

하지만 20대에서 70대까지 연령층이 다양하다 보니 시간이 지날수록 동문과 사제관계에서 자연스럽게 형, 동생, 누나, 오빠, 아버지까지 암묵적인 가족 같은 관계가 형성된다. 게다가 1년 인문학 과정을 수료하면 동문이 되니, 이들에게 성프란시스대학은 모교(母校)가 되는 것이다.

흔히 홈리스란 집이 없어 거리 잠을 자거나, 쉼터를 전전하며 직업이 없어 자선구호단체들의 도움에 의지해 살아가는 사람으로 생각한다. 하지만 그건 홈리스의 현상일 뿐 본질이 아니다. 홈리스의 본질은 가족해체로 시작된 관계 단절이다. 홈리스는 모든 인간관계가 단절돼 철저히 홀로된 사람이다. 그 홀로됨은 종교인이나 구도자가 참나를 찾기 위해 마주하는 절대고독이 아니다. 내몰려 마주할 수밖에 없는 지독한 외로움이다. 지하도 사각 박스 속에서, 1.5평 쪽방이나 고시원에서 시체같이 잠들어야만 하는 외로움. 그 외로움의 공포를 견디지 못해 술에 의지하게 되고, 정도가 심해지면 인간성 자체를 놓아버리게 된다. 더 이상 붙들고 있을 인간의 존재 이유를 상실해 부끄러움도 수치심도 느껴지지 않아 거리에 널브러진 노숙인, 그들이 홈리스다.

홈리스들에게 당장의 의식주를 제공하는 건 필요하다. 하지만 그것만으론 충분하지 않다. 그들이 한 인간으로 온전히 회복하기 위한 필요충분조건은 단절된 관계를 회복하는 일이다. 동시에 자신의 존재 이유를 찾고 자존감을 회복하는 일이다. 그걸 돕기 위해 성프란시스 인문학 과정이 설립됐다. 1년, 길지 않은 기간이지만 함께 책을 읽고, 토론하고, 글을 쓰며, 영화·연극·뮤지컬을 관람하고, 박물관·고궁·사찰 답사를 하며, 봄·가을 소풍·여름 수련회·겨울 졸업여행을 간다. 그리고 매일 한 끼 저녁을 함께 나눈다. 이렇게 입학해서 학우가 되고 수료해 동문이 되어 형 동생으로, 스승과 제자로 단절된 인간관계를 하나씩 회복해가며, 자신의 존재 이유와 자존감을, 인간을 회복해가는 것이다.

그렇다면 홈리스들의 관계 회복의 궁극적 목표는 단절된 가족관계를 회복하는 것일까? 처한 상황, 사례마다 다르겠지만 꼭 그렇진 않다. 거리 노숙인이 사망하면 경찰에서 신원조회를 하고 가족을 찾아 연락을 한다. 그러나 열의 아홉은 시신인도를 거부한다. 그렇게 되면 소속 지자체에서 무연고 사망자로 처리해 공영장례로 치른다.

올해는 제발 무사하기를 바라지만, 무상하게도 16기 최인택 선생이 65세 나이로 지난 7월 23일 사망했다. 사망하기 두 달 전 동기들과 센터 실무자들이 병문안 갔을 때엔 이미 온몸에 암이 퍼져 말도 할 수 없는 상태였다. 최 선생이 병원에 있던 두 달 동안 찾아온 가족이나 친인척은 한 명도 없었다. 마지막까지 선생의 곁을 지킨 건 성프란시스 동문들과 자원활동가, 실무자들과 병자성사를 해준 센터 신부님이었다.

최 선생의 경우에도 경찰서에서 가족을 찾아 시신인도를 요청했으나 거부해 결국 서울시 무연고 사망자로 판정돼 공영장례로 치러졌다. 성프란시스 동문, 실무자들, 그리고 교수님이 선생의 마지막 넋을 위로했다.

현행법상 피 한 방울 섞이지 않은 우리에게는 시신인도와 장례 권한이 없다. 최 선생이 어떤 연유로, 어떤 모양으로, 얼마 동안이나 가족·친인척과 관계 단절이 됐는지는 모른다. 하지만 물보다 진한 피를 나눈 사람이 마지막 이승을 떠나는데 어찌 이럴 수가 있단 말인가. 성프란시스대학에서는 선생과 막역한 연을 쌓은 동문, 실무자, 교수, 자원활동가들이 문상하도록 교사 한켠에 빈소를 마련했다. 이렇게 두터운 연을 쌓았는데 최 선생이 왜 무연고자인가. 우리는 피보다 진한 물벗, 물동문이자 그의 마지막 길을 배웅한 성프란시스 물가족이다.

2학기 글쓰기 수업은 '시 읽고 시 쓰기'이다. 시의 리듬과 형식에 대해 공부하면서 한중일 전통 정형시에 대해 간략하게 설명한 날이었다. 그날 저녁, 눈썹이 유난히 짙고 평소에도 말이 거의 없는 최 선생이 카페에 글을 하나 올렸는데, 보고는 깜짝 놀랐다. <짠하네>란 제목으로 5 7 5 음률의 일본 정형시 하이쿠를 지어 올려놓은 것이다.

나는 선생의 시를 붓글씨로 써서 영정사진 옆에 붙여놓고 절을 올렸다.

짠하네

최인택

툭, 은행열매
바닥에 짓뭉개져
엉망이 된 너

나는 살아 있다

영락없는 해리포터였다. 2014년 인문학 10기로 들어온 김 선생을 처음 보았을 때, 해리포터가 한국에서 태어나 60대 초로에 들면 딱 저런 모습이겠다는 생각이 들었다. 잘 감지 않아 기름때 낀 단발머리에 귀걸이 줄을 한 동그란 안경, 안경 너머 호기심 가득한 말간 눈, 웃음기 머금은 입술, 오다리에 뒤뚱 걸음.

"김 선생님! 인문학 마법학교 호그와트에 오신 것을 환영합니다."

설렘과 기대로 파릇한 봄학기 어느 날, 후암동 인문학 교실에 들어섰는데 김 선생이 손에 마술봉을 들고 안경 너

머 동그란 눈으로 나를 뚫어지게 바라보더니 마술봉을 흔들기 시작했다

"Knock, knock, knockin' on heaven's door
Knock, knock, knockin' on heaven's door
Mama, put my guns in the ground
I can't shoot them anymore."

나도 모르게 스르르 혀가 풀리면서 그 주문을 따라했다.

"낙낙 낙킹 온 헤브스 도어~."

그렇게 선생과 나 사이에 맺어진 '예술과 주술'의 연이 시작됐다. 때로는 사제 간으로 때로는 벗으로. 1년간 글쓰기 수업에서 선생이 쓴 글은 단 한 편에 불과했지만, 내가 들은 선생의 연주와 함께 부른 노래는 셀 수 없이 많았다. 선생은 7, 80년도에 미 8군과 이태원 등지의 클럽에서 기타 연주자로 활동한 예술가였다. 우리나라 내로라하는 1세대 기타리스트들과도 함께 연주하고 무대에 선 프로 기타리스트였다.

하지만 이젠 손이 떨려 기타 지판도 잘 안 잡힌다고 말할 정도로 선생은 '주술(酒術)'에 빠져 있었다. 선생과 후암

동시장 골목 포차에서 술자리를 몇 차례했다. 다행인 건 선생은 폭음도 하지 않았고 주사도 전혀 없었다. 계란찜과 노가리 안주에 각각 막걸리 한 병씩 마시고 일어나는 게 다였다. 문제는 단 하루도 거르지 않는다는 것. 수십 년 그랬으니 간이 온전할 리 없고, 관절염으로 걸음이 뒤뚱거리는 것 또한 당연할 수밖에 없었다. 그런데 어떻게 그렇게 눈이 맑을 수 있을까. 음악의 주술 탓일까.

그해 여름, 우리는 동해안으로 인문학 여름 수련회를 떠났다. 첫날 한계령에서 오색 방향으로 수려하게 내리뻗은 남설악 흘림골계곡 등반을 했다. 당연히 다리가 불편한 김 선생은 차에 남을 거라 생각했다. 그런데 웬걸, 막무가내로 따라나서는 게 아닌가.

"선생님, 걸으실 수 있겠어요?"

"아이, 몰라요. 무조건 따라갈래요."

그러나 시작부터 가파른 고갯길이라 의지와 달리 선생은 서너 걸음도 떼지 못하고 주저앉았다.

"선생님 안 되겠어요. 올라타세요. 이제부터 제 등이 한계령 능선입니다. 꽉 잡으세요."

체격이 건장한 센터 실장님과 내가 번갈아가며 선생을 등에 업고 3시간 반 설악산 계곡을 등반했다. 8년이 지난 지금도 "오십 중반 나이에 어떻게 그게 가능하냐"고 눈 휘둥그레진 물음에 나는 무슨 무용담처럼 늘어놓곤 하는데, 아마도 등에 업힌 늙다리 해리포터가 무슨 마법을 부렸거나 주술을 걸었음에 틀림없다. 선생을 업고 가파른 능선을 넘어 흘림골 제일 비경 여심폭포를 함께 훔쳐보았을 때 그 짜릿함은 함부로 발설되어서는 안 된다.

매 기수마다 1년 인문학 과정이 끝날 즈음 시와 노래로 문예발표회를 연다. 나는 대뜸 선생에게 기타로 무대를 확 뒤집어버리라고 했다.

"아이! 교수님, 말도 안 돼요. 기타 안 친 지가 몇 년인데. 손도 떨리고, 기타도 앰프도 없어요."

"기타나 앰프는 제가 어떻게 해볼 테니, 먼지 쌓인 가방을 다시 여는 겁니다. '돌아온 장고'로."

성탄절을 며칠 앞두고 열린 10기 문예발표회, 후암동 교사 문화공간 길 카페 무대 위에 마침내 '돌아온 장고'가 올랐다. 검고 낡은 가방에서 꺼내 든 전기기타에 잭을 꽂아 앰프에 연결하고 음향을 조절하며 튜닝 테스트하는 선생의 동작 하나하나에 전문가의 포스가 배어났다. 세팅이 끝나고 자세를 잡자 일동 정적. "징~~~." 귀걸이 줄에 매인 동그란 안경 너머 눈에서, 어깨끈에 매인 전기기타에서 번개와 천둥이 몰아치기 시작했다.

"징~징~ 징가 지징가 지지지지~ 징 에잉~이 이잉~."

이어지는 속사포 같은 애드립 스케일, 앰프 조작으로 순간순간 튀어나오는 기괴한 사운드, 볶은 콩 튀듯 지판 위를 날아다니는 손가락, 미친 듯 물어뜯는 이빨연주까지. 그날 밤 연주 내내 우리는 인문학 호그와트 마법학교 선생의 연주술에 넋을 뺏긴 좀비 같았다. 마지막 연주곡인 밥 딜런의 <Knockin' On Heaven's Door>로 선생 스스로가 주술을 풀 때까지.

그렇게 1년, 인문학이라기보다 예술과 주술의 마법학교를 졸업한 선생은 졸업문집에 시 한 편을 제출했다.

나

김대인

사랑하자 미치도록, 아니 죽도록
해는 아직도 많이 남아 있다
아직도 남은 저 먼 길을 걸어가자
나는 살아 있다

사랑하자 미치도록, 아니 죽도록
낙엽 떨어진 그 먼 길을 걸어가자
추운 겨울 내리는 흰 눈은 얼마나 아름답더냐
해는 아직도 많이 남아 있다

나는 살아 있다
사랑하자 미치도록, 아니 죽도록

곡만 안 부쳤다 뿐이지 영락없이 노래가사를 염두하고 쓴 게 분명하다. 선생의 삶은 '돌아온 장고' 무대를 계기로 다시 충전됐다. 비록 술로 인해 몇 주 지속되지는 않았지만, 후배들을 위한 주말 기타교실을 열기도 했다.

후암동 쪽방에 살기에 졸업 후에도 학교 오가는 길에 선생과 자주 마주쳤다. 아이처럼 뒤뚱 웃음으로 달려와 반가운 인사를 건네는 선생. 가끔 길 카페에서 통기타 두 대로 함께 노래 부르기도 하고, 수업 후 후암동시장 골목에서 막걸리를 마시기도 했다.

졸업 후 3년쯤 됐을까. 선생은 후암동에 있으면 아무 일도 안 일어난다고 하면서 무조건 대학로로 주거를 옮겼다. 기타 들고 거리 젊은이들 속으로 들어가 예술과 주술을 나누겠단다. 그렇다. 선생은 "나는 살아 있다"는 걸 확인하고 싶었던 거다. "미치도록, 아니 죽도록" 예술로 자신에게 사랑 고백을 하고 싶었던 거다.

하지만 선생은 예술로도 주술(酒術)의 마(魔)를 쫓아내지는 못했다. 채 1년도 버티지 못하고 후암동 쪽방으로 다시 돌아온 선생의 몸은 만신창이였다. 걸음은 더욱 뒤뚱거리고 더뎌 함께 걸으려면 달팽이걸음을 해야 했다. 그 후로 얼마 되지 않아 복수가 차 한동안 병원 입퇴원을 반복했다.

어느 여름, 거리에서 선생을 만났다.

"교수님, 이젠 걱정 마세요. 병원을 서울대병원으로 바꿨어요. 그 전 시립병원 의사는 술 먹으면 죽는다는 말밖에 안 했는데, 서울대 의사는 그런 말을 안 해요. 역시 서울대 의사는 뭐가 달라도 달라요."

"간은요?"

"이식만 하면 살 수 있대요."

"언제 이식 받을 수 있대요? 비용은요?"

"기다려봐야죠. 돈이야, 은행이 있잖아요."

난 지금까지도 귀걸이 줄에 매인 동그란 안경 너머 그 말간 눈을 도무지 이해할 수 없다.

2018년 3월 초, 14기 입학식에서 선생을 다시 만났다. 살이 쏙 빠진 얼굴엔 병색이 완연했다. 식이 끝나고 선생과 마주 앉아 밥을 먹는데, 입맛이 없다고 한 술도 뜨지 않았다. 후암동시장 골목까지 선생의 팔짱을 끼고 달팽이걸음으로 걸어가 인사하고 헤어졌다.

"선생님, 밥은 꼭 챙겨 드셔야 해요. 꼭이요."

일주일 후, 선생은 아직 많이 남아 있는 해를 뒤로하고 쪽방에서 눈을 감았다. 시신은 포항에서 약국을 하는 누나가 거두었다고 한다. 후암동 교사엔 귀걸이 줄 안경을 하고 미소 머금은 영정사진을 모셔놓은 빈소가 차려졌다. 나는 꽃 대신 술 한 잔과 선생이 내게 준 피크를 올려놓고 절을 올렸다. 그리고 돌아와 성프란시스 총동문 카페에 조사를 지어 올렸다.

국화 대신 피크를

박경장

몸은 팔십 노인인데 얼굴 표정은 10대 소년인 당신.
잘 걷지도 잘 먹지도 못해 병색이 완연한데도 얼굴 한 번
찡그린 적 없고, 아픈 기색 한 번 내비친 적 없던 당신.
"까짓것, 간이식수술만 하면 된다"면서 삶과 죽음 사이
의 빗금을 싱겁게 지워버리던 당신. 만나면 반갑다고 길
거리에서 아이처럼 폴짝폴짝 뛰던 당신. 어떻게 그럴 수
있는지, 난 그게 항상 궁금했는데.

제가 선생님을 '돌아온 장고'라 불렀지요. 손이 떨린다며 먼지 쌓인 가방을 열고 꺼내든 전기기타. 10기 인문주간 문예발표 무대에 오른 선생님은 정말 '돌아온 장고'였습니다. 가방에서 꺼내든 전기기타에서 기관총같이 뿜어대던 징가징~ 사운드에 우린 모두 쓰러졌지요. 그 의기양양하던 해리포터 같은 표정이라니!

"조금만 드셔요." "평생을 먹은 술인걸요. 많이 안 먹어요. 아니 못 먹어요." 후암시장 포차에서 마냥 행복해하던 그 표정에서 제가 어떻게 술병을 치울 수 있었겠어요. 더욱 단단히 굳으라고 시멘트 같은 간에 술을 붓는 거라 해도. 여름 수련회 설악산 흘림골 등반. 평지도 제대로 걷지 못하는 선생님을 이수범 실장님과 제가 번갈아가며 업고 올라갔죠. 한계령 높고 깊은 골에 숨은 여심폭포. 그걸 보여주려고, 그걸 보고 싶어서 아이처럼 업힌 환갑 넘은 소년. 아! 생각만 해도 우린 너무 장했어요.

인문학 학무국장 사무실 한켠 액자에 갇혀 환히 웃

고 있는 당신. 이미 소주 반병은 드셨군요. 한 잔 따르고 큰절 올립니다. 기타만 잡으면 함께 부르던 노래 'Knockin' On Heaven's Door.'

"김대인 선생님! 천국문 두드리고 계신 거죠? knock, knock, knock… 천국문 뒤엔 뭐가 있나요?"

'으흐~, 기타와 술.'

"그럴 줄 알았어요."

그래서 술 한 잔과 국화꽃 대신 피크 하나 올립니다. 술 그만 먹으라, 시끄럽다 소리칠 사람 하나 없는 천국에서 마음껏 기타 치시고 목축이셔요. 해리포터 선생님.

인문학을 매개로 거리 선생님들과 만나면서
나는 서울역 광장 바닥 틈새에서도
노란 민들레가 피어난다는 사실을 깨달았다.

2부
서울역 야생화

북어와 가재미

낯선 이들과 처음 만날 때면 흔히 듣는 말.

"목소리가 참 좋으시네요. 중후한 중저음의 베이스톤이 참 매력 있습니다."

물론 인사치레겠지만 처음 대면하는 여성에게서 그런 칭찬을 들으면 기분이 우쭐해지는 것이 사실이다. 타고난 목소리 때문인지 몰라도 나는 우리 가곡을 참 좋아하고 즐겨 부르는 편이다. 가사를 다 외우는 몇 곡 안 되는 노래도 모두 가곡이다. 해서 느닷없이 불려 세워져 노래를 해야 하는 자리면 으레 가곡을 부르곤 한다. 하지만 흥겨운 술자리에서는 여간 곤욕스럽지 않다. 가사를 끝까지 아는 노래가 가곡밖에 없으니 용서를 구하고 부르지만 결국 술판의 흥을 깨기 일쑤다.

술좌석에서 반복되는 이런 곤욕을 피하기 위해 나름대로 대안을 짜낸 기억이 있다. 양명문 작시, 변훈 작곡 <명태>를 내 새로운 레퍼토리로 삼은 것이다. 베이스바리톤 오현명의 중후한 목소리로 우리 귀에 익숙한 이 가곡은 한국 중년 남성의 정서를 가슴 뭉클한 시로 대변하면서도 결코 무겁거나 처지지 않고 흥을 돋울 수 있는 노래이다. 나의 이 대안은 예상대로 적중했다. 아니 그 이상이었다. 술판에서 어느 정도 흥이 오를 때쯤 피할 수 없이 불려 일으켜지면, 나는 자신 있게 <명태>를 불러제꼈다.

"검~푸른 바다 바다 밑에서 (중략) 쇠주를 마실 때, 캬! 나는 시인의 안주가 되어도 좋다~. 짜악 짝 찢어지어 내 몸은 없어질지라도, 음, 명태, 허허허허, 이 세상에 남아 있으리라!"

우레와 같은 박수갈채를 받으며 나는 소주 한 잔을 입속으로 털어 넣는 것으로 그날 술판의 대미를 장식하곤 했다.

하지만 나의 가곡 <명태>도 2000년 초에 들어서는 흥겨운 술판에서 '금지곡'이 되고 말았다. IMF 금융대란의 여파로 40대 초중반의 학교 동창, 선배들이 하나둘 직장에서, 삶의 터전에서 '명퇴'라는 비운을 맞았기 때문이다. '명태와 명퇴' 사이의 묘한 연상작용으로 자의반 타의반으로 나의 가곡 <명태>도 술판에서 '명퇴'를 당하고 말았다. 발음상의 비슷함뿐만 아니라, 가사가 명퇴를 당한 중년 가장의 심사를 비극적으로 대변해주고 있었기 때문이다. 비극의 주인공처럼 '짜악 짝 찢어지어' 자신의 운명을 대신 맞아주는 것으로 나의 가곡 <명태>를 이해한다면, 일면 카타르시스로 작용할 법도 하지만, 실은 그들 자신이 명태처럼 쫘쫘 찢어지는 비극의 주인공이었던 것이다. 정작 노래를 부르며 비극의 주인공을 대역하는 나는 당시 대학 시간강사라는 비정규직 직장에서 근근이 버티고 있었기에, 내 쪽에서 자진해 <명태>를 명퇴시키고 말았다.

학교 동창 선배들이 하나둘씩 제대로 힘 한번 써보지도 못하고 약육강식 투전판 같은 직장에서 쫓겨나고 있을 때, 나 또한 시간강사로, 말이 좋아 객원교수로 서서히 물기 없이 강단에서 말라가고 있었다. 전공 강의는 고사하고 교양영어만 가르치는, 그것도 똑같은 강의를 하루 서너 시간씩 연달아 반복하다 보면, 내가 말하는 건지 내 속에 테이프가 돌아가고 있는 건지도 모를 자괴감이 먼지처럼 쌓여갔다. 후줄근해진 몸으로 막걸리 한 병 사들고 집에 돌아와 아이들 앞에 선 내 몰골은 영락없는 명태였다. 나무막대기에 주둥이가 꿰인 채로 하루하루 말라가고 있는 북어였다.

북어*

최승호

밤의 식료품가게
케케묵은 먼지 속에
죽어서 하루 더 손때 묻고
터무니없이 하루 더 기다리는
북어들
(중략)

느닷없이
북어들이 커다랗게 입을 벌리고
거봐, 너도 북어지 너도 북어지 너도 북어지
귀가 먹먹하게 부르짖고 있었다

그러던 차에 2008년 봄, 다시서기센터 성프란시스대학에서 노숙인들을 대상으로 한 인문학 글쓰기 강좌를 맡게 되었다. 교양영어가 아닌 (인)문학 강의를 하게 된 것이 몇 년 만이던가. 말라비틀어진 가슴지느러미에서 다시 물기가 돌고, 막대기 같았던 머리에는 다시 푸른 바닷속 물푸레나무 같은 생각이 떠오르기 시작했다. 나는 구석방 책장에 처박힌 인문학 서적들의 먼지를 하나둘씩 털어냈다.

저녁 서울역사 주위 길바닥에서만, 그것도 지나가는 눈길로만 보아왔던 노숙인들을 강단에서 처음 대하던 날, 나는 그들의 용모 단정하고 말쑥한 차림에 다소 놀랐다. 외모뿐만 아니라 거침없이 자신의 의사를 표현하는 대담성과 나름대로 펴나가는 논리에는 더더욱 놀랐다. 아마 이분들도 인문학대학에 간다는 자부심과 들뜬 마음에 신입생 같은 학생의 몸과 마음가짐을 하고 왔을 것이다.

몇 주간에 걸쳐 글쓰기 기초를 끝내고 고전문학 텍스트를 읽고 본격적인 주제 글쓰기 단계로 접어들자, 수업 받는 노숙인 선생님들 간 학력차와 수업 이해도의 폭으로 인해 수업 집중력에 차이가 나타나기 시작했다. 글쓰기 과제를 내주면 몇몇 분들은 맞춤법과 띄어쓰기에 대한 공포 때문에 몇 줄 쓰다가 더 이상 채울 수 없는 짧은 글의 막막함에 가슴 답답해했다. 제출하지 못해 미안해하는 저들의 눈길을 보아야 하는 내 쪽이 더욱 미안하고 민망스러웠다. '나도 글을 잘 쓰고 싶은데……'

구원의 요청을 바라는 눈길들을 바로 쳐다보지 못하는 내 자신의 능력 부족을 탓하며 한 학기가 지나갔다.

방학 동안 글쓰기 과제로 받은 글들을 정리할 겸 다시 읽어보았다. 어떤 주제의 글이든 첫 몇 줄 지나지 않아서 예외없이 모두 자신의 삶을 돌아보는 내용으로 돌아가고 있었다. 노숙인 선생님들 사이에 한 학기 동안 가장 자주 입에 오르내린 단어가 '트라우마'였다. '정신적 외상'이라는 이 의학용어가 작가들의 글쓰기에 어떻게 반영되었는가에 대한 문학 교수의 강의에 '필'이 꽂힌 것이다. 그렇다. 노숙인 선생님들에게 트라우마는 글쓰기 재료로써 마르지 않는 샘물이며 또 치유하고 극복해야 할 과제였다. 이들 대부분은 생부(生父)로부터의 폭력과 법부(法父)로부터의 폭력으로 정신적 외상을 앓고 있었다. 이런 폭력으로 상처 난 몸과 마음을 치유받을 수 있는 어머니와 아내의 따뜻한 가슴, 누구도 침범할 수 없는 가정이라는 성소를 잃어버린 정신적 외상은 이들의 소중한 글쓰기 재료였다.

넘어진 자는 결국 땅을 짚고 일어설 수밖에 없다. 2학기 들어 자원활동가의 도움으로 인터넷카페를 개설했다. 자신들만의 공간이어서 그랬을까? 서슴없이 자신들의 트라우마를 글로 드러내고, 드러난 상처들을 어루만지듯 격려와 관심의 댓글이 넘쳐났다. 이 공간은 동료애가 넘쳐나는 가족 같은 '집'이었다.

나는 매일 올라오는 카페의 글들을 읽으며 이들의 트라우마를 함께 앓는다는 마음으로 댓글을 달았다. 컴퓨터 네모난 화면에 올라오는 이들의 글 속에서 문득 문태준 시인의 <가재미>가 떠올랐다.

가재미**

문태준

김천의료원 6인실 302호에 산소마스크를 쓰고
암투병 중인 그녀가 누워 있다
바닥에 바짝 엎드린 가재미처럼 그녀가 누워 있다
나는 그녀의 옆에 나란히 한 마리 가재미로 눕는다
가재미가 가재미에게 눈길을 건네자 그녀가 울컥
눈물을 쏟아낸다
한쪽 눈이 다른 한쪽 눈으로 옮아 붙은 야윈 그녀가
운다
그녀는 죽음만을 보고 있고 나는 그녀가 살아온
파랑 같은 날들을 보고 있다
(중략)
나는 그녀가 죽음 바깥의 세상을 이제 볼 수 없다
는 것을 안다
한쪽 눈이 다른 쪽 눈으로 캄캄하게 쏠려버렸다는
것을 안다

나는 다만 좌우를 흔들며 헤엄쳐 가 그녀의
물속에 나란히 눕는다
산소호흡기로 들이마신 물을 마른 내 몸 위에
그녀가 가만히 적셔준다

시를 읽는 내내 산소마스크를 쓰고 가재미처럼 누워 있는 그녀와 두 눈이 한쪽으로 쏠린 듯 여위어 바닥에 붙어 버린 듯한 서울역 거리 노숙인들, 좌우를 흔들며 파랑 같은 날들을 헤치며 살아온 그녀의 물속 삶과, 수족관 같은 시설이나 쪽방에서 죽음의 안쪽을 살아온 노숙인들의 삶이 겹쳐졌다. 이 바다 같은 가재미 삶에 나도 바짝 엎드려 눈을 맞추려는 자세가 성프란시스 인문학대학에서 처음 노숙인들과 만날 때 내 마음가짐이었다.

그러나 시간이 갈수록 더 몸을 낮춰 눈을 맞춘 쪽은 내가 아니라 오히려 노숙인 선생님들이었다. 젊은 시절부터 나는 배고픔과 궁벽을 '의사(擬似) 트라우마' 삼아 시인이 되는 꿈을 꾸어왔다. 그러나 나이 60이 넘어도 버리지 못한 소시민 근성으로 내 정신적 외상은 결국 진짜 상처가 되지 못했다. 맨살에 붕대만 감은 격으로 '야성(野性)'이 없는 내 시 쓰기는 애초부터 진주가 될 수 없었다. 여린 조개의 맨살 속으로 파도에 쓸려 들어온 까끌까끌한 모래와 사금파리같이 날카로운 조개껍질에 베인 상처를 타액으로 싸매고 싸매 영롱한 상처꽃으로 여문 진주는 저들 가슴속에 있었다. '진짜 트라우마'를 글의 밑천으로, 글의 샘물로 깨닫기 시작한 이들의 시 속에 있었다.

저승사자가 사는 법

유창만

1-분당에 있는 KT본사 안내로봇 음성녹음(Time/2만)
2-미대사관 비자신청 대신 줄서기(Night/10만)
3-부천 프린스관광호텔 빠찡꼬 가짜손님(Time/8천)
4-강원랜드 카지노 대신 예약해주기(15만…이백번안쪽 순번)
5-대치동 행복교회 신자머리수 채우기(3만…일요일만)

6-부천시상동 참야콘갈비집 시식손님(1만5천…갈비실컷 먹고)

7-네비게이션 행사 야매고객(4만)

8-노량진 공인중개사 학원 가짜수강생(3만5천)

9-월드라이센스 피라미드회사 가짜사업자(3만)

10-코스닥 상장기업? 소프트 주주대행(7만)

11-화양동 국시원(의사면허 시험주관) 환자대행(6만…연기력 필요하고 삼일교육)

12-고대구로병원 피부임상 실험(7만..신체부위별 뽄뜨는 것)

13-수원여대 치의대 스케일링 환자대행(Time/1만5천…도랑치고 가재잡고)

14-서울대병원 비뇨기과 임상실험(/?????)

15-인천공항 외국항공사 전용탑승동 가상여객실험(Night/3만…해외여행 경험자)

16-일산킨텍스 자격증 소양교육 대리참석(5만)

17-부평역 동방부페예식장 하객대리참석(3만…부페 배 터지게 먹고)

18-강남성모병원 영안실 상주대행(18만…All night)

19-한강예술 엑스트라 (A-/4만2천 N-/7만…바람의 나라. 대왕세종 등등…)

이외에도 많지만 저는 이것을 직업으로 생각하지 않고 시간 날 때마다 고정적인 일자리를 꾸준히 노크하고 있으며 몸은 아파도 오늘도 열심히 공부하면서 힘차게 살아가려고 합니다. 화이팅!!!

'저승사자'라는 아이디를 쓰는 노숙인 선생이 어느 날 카페에 올린 글로, 2007년 9월 이후로 그가 일한 아르바이트를 목록처럼 열거해놓은 글이다.

글을 읽어가는 내내 나는 무거운 둔기로 뒤통수를 얻어맞는 것만 같았다. 시인 흉내내려고 썼던 가난과 궁벽이라는 내 의사(擬似) 트라우마의 가면이 낱낱이 찢겨 벗겨지는 것만 같았다. 거짓 삶을 살아온 것만 같고, 거짓 시를 써 온 것만 같았다. 이 야생의 삶의 내력 앞에서, 나의 삶은 더욱 물기 없이 말라비틀어지고 한없이 바닥으로 주저앉고 있었다.

어떻게 댓글을 달아야 할지 망연자실 컴퓨터 앞에 북어처럼 가재미처럼 앉아 있는 내게, '저승사자'는 "거봐, 너도 북어지 너도 북어지 너도 북어지 귀가 먹먹하게 부르짖"으며 마른 내 몸 위를 "가만히 적셔"주고 있었다.

● 최승호, 『대설주의보』, 민음사, 1983년, 101~102쪽.
●● 문태준, 『가재미』, 문학과지성사, 2006년, 40~41쪽.

쌍골병죽 바람 소릿길

거리 선생님들과 처음 연을 맺게 된 것은 2006년 10월 11일 '영등포역 방화셔터 압사 노숙인 추모제'를 통해서였다. 그날 나는 새벽 역사에서 허망하게 죽음을 맞이한 두 분의 넋을 위로하는 대금을 불었다.

그 후로 2년 뒤, 그 연은 성프란시스 인문학으로 이어졌는데 전적으로 우연이었다. 당시 학장이었던 임영인 신부님이 작문 교수로 영입하려고 했던 분은 내가 아니었다. 내 대학원 동료였다. 그는 당시 강단을 그만두고 한국유네스코로 직장을 옮긴 지 얼마 안 돼 고사하면서 대신 나를 소개했다. 그 동료는 처음 대금 배울 때 소리도 잘 나지 않는 내 대금 연주를 싫은 내색 없이 끝까지 들어주던 문우(文友)이자 지음(知音)이었다. 그리고 보니 이곳 성프란시스대학과 맺게 된 우연이 혹시 대금이 이어준 죽연(竹緣)은 아니었을까 싶다.

내가 대금과 연을 맺은 지도 벌써 십수 년이나 됐다. 98년 가을, 늘 그렇듯 안국동 덕성여대 평생교육원에서 강의를 마치고 인사동으로 가기 전, 낙원상가 맞은편 구멍가게에서 잠시 엉덩이를 붙이고는 막걸리 한 병을 걸쳤다. 불콰해진 얼굴로 가을 저녁 인사동을 거니는 맛은 그만이다. 그날도 아마 가벼운 술기운에 흥이 돋았던 것 같다. 인사동 어느 골목을 지나가는데, 구성진 대금소리가 흘러나왔다. 홀리듯 그 소릿길을 따라 좁은 골목으로 들어가니 20대 중반쯤으로 보이는 한 젊은이가 바닥 좌판에 대금 십여 개를 가지런히 놓고는 대금을 불고 있었다. 나는 그 앞에 쪼그리고 앉아 대금소리에 그만 넋을 놓고 밤 깊어가는 줄 몰랐다. 다음날 저녁 나는 다시 그 청년을 찾아가 3개월 할부로 30만 원짜리 산조대금 하나를 샀다.

그 후로 10여 년 동안 거의 하루도 거르지 않고 대금을 불었다. 눈앞에 두고 아내처럼 품안에 끼고 살았다. 지리산길 걸을 때도, 서해, 남해 바닷길을 걸을 때도, 교회 갈 때도, 절에 갈 때도, 유럽 배낭여행길에도 대금을 놓지 않았다.

대금은 그 어떤 악기보다 소리 내기가 어렵다. 소리가 나더라도 옹골지고 깊은 성음을 얻기가 힘들다. 거기에다 우리 음악의 특징이라고 할 수 있는 맛깔난 시김새를 익히려면 오랜 수련이 필요하다. 그래서 취미로 대금을 시작한 사람 중에 끝까지 대금을 놓지 않는 사람은 열의 한 명 꼴이 안 된다. 나 역시 마찬가지여서 듣는 귀는 점점 밝아지는데 내 대금소리는 깊이가 없고 가락은 밋밋한 게 구성진 맛이 전혀 느껴지지 않아 때려치울까 수없이 갈등하기도 했다.

그럴 때 어설픈 연주자는 흔히 악기 탓을 하게 된다. 대금을 불기 시작한 지 3, 4년이 지날 때쯤 나 역시 연습보다는 악기에 더욱 많은 관심을 쏟기 시작했다.

'2, 3백만 원짜리 명기를 불면 내 대금소리도 구성질 텐데……'

감히 살 엄두는 못 내고 대신 틈만 나면 국악기사에 들러 주인 눈치봐가며 구석진 곳에서 고가 대금을 불곤 했다. 양골이 깊게 파인 쌍골에서 흐르는 묵직한 저취(低吹)와 청아한 역취(力吹)! 역시 명기다. 악기에 취해 내 대금소리도 좋게 들리는 것만 같았다. 그렇게 한동안 악기앓이를 심하게 했다.

왜 같은 대나무인데 이렇게 소리 차이가 심할까? 여기저기 자료를 찾아보았다. 예전에는 대금의 재료로 오래 묵은 황죽(黃竹)을 최고로 쳤단다. 하지만 요즘은 구하기가 어려워 대신 '쌍골죽'을 쓴다고. 쌍골죽은 보통 대나무와 여러 가지 면에서 다르다. 외형상 가장 큰 특징은 보통 대나무는 마디 하나에 얇은 골이 하나만 파여 있는데, 쌍골죽은 마디마다 양쪽에 모두 깊은 골이 파여 있다. 그래서 쌍골죽이라고 한다.

하지만 이런 외형상 특징보다 더욱 두드러진 차이는 일반 대나무는 대개 속이 텅 비어 있는데 쌍골죽은 속이 꽉 차 있다는 사실이다. 바로 이 차이 때문에 쌍골죽이 대금 재료로 쓰인다. 대금의 내경은 대략 15mm 내외여야 되고,

살이 두터워야 갈라지지 않고 깊은 소리가 날 수 있다. 하지만 일반 대나무는 우후죽순(雨後竹筍)이란 말처럼 하루하루가 다르게 위로 쑥쑥 자라고 대도 굵어지지만, 속이 텅 비어 있어 2년만 돼도 내경이 20㎜가 넘어버려 악기로 쓸 수 없다. 그런데 쌍골죽은 위로 자라지 않고 속으로 자란다. 키가 안 크는 대신 속살이 꽉 차는 것이다. 그래서 15㎜ 내외로 대금 내경을 일정하게 뚫을 수 있고, 속살이 두터워 깊은 울림을 낼 수 있어 대금을 만들기에 최상의 조건을 갖춘 대가 되는 것이다.

그런데 같은 대나무인데 왜 쌍골죽은 위로 자라지 않고 속으로만 자랄까. 이유는 바로 '병죽'이어서 그렇다. 쌍골죽은 병에 걸린 대나무이다. 그래서 남들 다 쑥쑥 자라는데 자기만 자라지 못하고 마디마다 뒤틀린 채 양쪽으로 깊은 골만 파이고, 속으로만 깊어져 살이 두터워지는 것이다. 쌍골죽은 왕대 사이에서 혼자만 키가 안 크고 심하게 뒤틀려 있어 쉽게 눈에 띈다. 옛사람들은 쌍골죽을 보면 다른 대나무들까지 병든다고, 보는 즉시 베어버렸다고 한다. 이렇게 아무짝에도 쓸 데 없어 베어졌던 병죽이 악기장의 눈에 띄어 대금이라는 악기가 된 것이다.

대금의 역사는 무려 1500여 년이나 됐는데, 신라 <악학궤범>에 따르면 대금은 원래 '만 가지 파도를 잠재운다'는 만파식적(萬波息笛)이라는 이름으로 불렸다. 대금의 깊고 청아한 소리를 들으면 온갖 근심과 걱정이 사라졌다는 의미이다. 그런데 이런 치유의 기능을 지닌 대금소리가 실은 병든 대나무의 제 속 아픔과 탄식을 뱉어내는 호곡(號哭) 소리였다니. 속이 텅 비어 있는 일반 대나무로는 절대 흉내낼 수 없는 속 꽉 찬 소리. 마디마다 양골이 깊게 파인 쌍골 바람골짜기에서 우러나오는 속 깊은 소리. 바로 쌍골병죽에 이는 대숲 바람 소리이다.

'아! 나는 얼마나 더 불어야 쌍골병죽의 그 속 깊은 울음소리를 얻을 수 있을까. 그 소리로 듣는 이의 모든 근심과 걱정을 사라지게 할 수 있을까.'

학교 강단을 떠나 늦깎이 현장 평론가로서 글밥을 먹고 산 지도 벌써 몇 년이 지났다. 이제 내게 글은 곧 밥인 셈이다. 하지만 누군가 읽기 전에는 내 글은 밥이 될 수 없다. 누군가의 굶주린 영혼의 허기를 채운 뒤에야 내 글은 비로소 일용할 양식인 글밥으로 돌아올 수 있다.

하지만 어떻게 글로 남의 허기를 채울 수 있을까. 난 그 답을 바로 내 아픔으로 다른 아픔을 달래는, 내 허기로 다른 허기를 채우는 쌍골병죽에서 찾았다. 밖으로 웃자라지 않고 안으로 속살이 두터워지는 글, 허기와 고통으로 쌍골이 깊게 파인 글, 글밥에 대한 허기를 느끼는 이들에게 일용할 양식이 되는 글. 그러니까 깊고 청아한 쌍골병죽의 성음(聲音)을 얻고자 한 바람은 실은 내 글쓰기의 바람이었던 것이다. 그게 바로 내 삶이니까, 살아야 하니까.

하지만 불행하게도 나의 태생은 쌍골병죽이 아니라 보통 대나무, 민대였다. 겉으로만 컸지 속은 휑하게 비어 아무리 불어도 헛바람만 새나가 속이 꽉 찬 쌍골병죽의 옹골진 소리가 나오지 않았다. 도무지 내 글에선 아픔과 허기가 느껴지지 않았다. 그러니 어떻게 다른 이의 아픔을 달래고 허기를 채울 수 있겠는가. 내 마음을 울리지 못하는 글은 결국 다른 이의 마음 또한 울릴 수 없어, 결국 내 글은 밥이 될 수 없었다.

그러다 마침내 길 위에서 인문학 글쓰기로 선생님들을

만나게 됐다. 선생님들에게 가려고 서울역을 지나칠 때마다 내 안에서는 조금씩 시장기 감도는 글의 허기가 느껴지기 시작했다. 교실에서 선생님들과 부대끼면서 내 민대도 점점 뒤틀리고 양쪽 골이 파이기 시작했다. 내 속살이 한 층 두터워지고 내 소리에 내가 울리기 시작했다. 내 글이 밥이 돼 돌아오기 시작한 것이다.

성프란시스대학 인문학 과정, 즉 서울역 왕대 빌딩숲 한복판에 뒤틀려 낮게 엎드려 속으로만 두터워진 이십여 그루의 쌍골 대밭. 그 속 깊은 울음으로 나는 내 민대 속살을 채워갔다. 쌍골병죽의 환우(患友)가 되어 내 민대에도 양골 소릿길이 깊게 파이기를 소원했다.

"성프란시스 선생님들! 당신들은 내 글이 밥이 되게 해주신 인문학 스승입니다. 선생님들 사이로 나 있는 소릿길이 제가 따라갈 글길입니다. 쌍골병죽 바람 소릿길."

서울역 야생화

나는 산을 좋아한다. 20대에는 오직 설악산만 다녔다. 그것도 기록 재듯 대청봉과 주능선상의 거대 암봉만을 향해 내달렸다. 특정 구간을 몇 시간 내에 주파하는가가 중요했고 자랑거리가 된 일종의 '정복산행'이었다. 30대부터는 산길 중심으로 올랐다. 같은 산이라도 매번 다른 길로 오르고 내렸다. 지정 등산로가 아닌 금지된 산길을 탐구하고 모험하고픈 열망으로 달뜬 시기였다. 하지만 여전히 설악산, 지리산 같은 큰 산만 올랐다. 큰 산에서 벗어난 것은 40대에 들어서부터였다. 그때부터 난 전국 아무 산이나 올랐다. 정상, 바위, 계곡, 능선… 산속이면 다 좋았다. 오르기만 한 것도 아니어서 산속 아무 곳이나 머물다 내려와도 좋았다. 그때 비로소 나는 멈춰서 산길 '발밑 세상'을 보기 시작했다. 그 후로 오르기만 한 산에서 들로 내려왔고, 풀이 있는 곳이면 어디든 멈춰 섰다. 그리고 무릎을 꿇었다.

산과 들, 흙이 있는 곳이면 어디나 (아주) 작디작게 피어나는 풀꽃이 우리 들꽃이다. 꼿꼿이 앞만 보고 걸어가는 사람은 절대 볼 수 없다. 우리 들꽃은 멈춰서 무릎 꿇어야 비로소 드러나는 발밑 세상이다. 커서 혼자 뽐내듯 핀 외래종과 달리 우리 들꽃은 작아 무리지어 군락으로 핀다. 작은 체구에 혼자 피어서는 옆의 큰 풀이나 나무에 햇빛과 물을 빼앗겨 종족을 번식할 수 없기에 최대한 무리지어 핀다. 너무 작아 화초로도 팔리지 않는, 옮겨 심으면 아예 죽어버려 길들여지지 않는 야생화. 햇빛과 달빛을 받고 비와 바람을 맞으며 새와 나비를 부르고 온갖 짐승에게 먹히며 발밑에서 뭇 우주생명을 떠받치는 풀꽃. 내가 40대 들어서야 비로소 무릎 꿇고 보게 된 우리 들꽃세상이다.

40대 후반에 성프란시스대학과 인연을 맺으면서 나는 서울역의 또 다른 세상을 보게 됐다. 그전까지 그냥 지나

쳐갈 땐 보이지 않던 '서울역 발밑 세상'이 멈춰 서니 보인 것이다. 처음엔 술에 취해 바닥에 널브러진 홈리스들이 아스팔트에 핀 곰팡이나 시멘트 바닥에 들러붙은 껌만 같았다. 하지만 인문학을 매개로 거리 선생님들과 만나면서 나는 서울역 광장 바닥 틈새에서도 노란 민들레가 피어난다는 사실을 깨달았다.

60대 중반으로 들어선 지금까지 나는 매년 무수한 민들레 홀씨들이 서울역 주위로 날아가는 걸 보았다. 지난 한 해 성프란시스대학에서 만난 선생님들은 모두 꽃이었다. 우주생명을 바닥에서 떠받들며 상처로 피워낸 서울역 야생화들. 봄이 되어 다시 서울역 주위로 날아가기 전에 그 풀꽃 하나하나를 호명한다.

주름잎 강○운 선생님

처음엔 잘 몰랐어요. 선생님이 직접 찍었다는, 주름만이 선명한 이마 사진의 의미를. 나중에 "내 인생은 마치 이 주름 같았다"는 선생님의 설명을 듣고서야 알게 됐지요. 그런데 그때 제게 어떤 일이 생겼는지 아세요. 그 이마 사진에 선명하게 그어진 주름이 돌연 칼이 되어 내 가슴을 찔렀어요. 놀라 열어 보니 깊게 파인 제 가슴에 화인(火印)처럼 예쁜 주름잎 꽃 한 송이가 새겨졌답니다.

노루귀 나ㅇ경 선생님

글쓰기 수업 때마다 선생님을 보는 것은 놀라움 그 자체였습니다. 갈수록 초롱해지는 눈망울, 무엇이든 써보겠다며 쫑긋 세운 귀, 쉼 없이 고맙다고 말하는 낭랑한 목소리. 마침내 학기 말에 선생님이 쓴 <나무>라는 시에서 "그대여 울타리에 앉아 있는가"란 시구를 보았을 때 얼마나 놀랐는지요. 물 먹으러 시냇가에 왔다가 역시 물 먹으러 나온 맞은편 노루를 보고 놀란 노루 같았지요. 그 맞은편 노루는 또 얼마나 놀랐겠어요. 그렇게 놀란 모습으로 산속 계곡에 핀 꽃이 있답니다. 노루귀.

양지꽃 박ㅇ진 선생님

면접장에서 선생님을 처음 보았을 때 영화 <매트릭스>의 키아누리브스가 떠올랐습니다. 마른 체형에 어딘지 모르게 닮아 있는 키아누리브스의 이목구비. 키아누리브스가 열연한 네오의 검정black 이미지와 선생님에게서 풍기는 어둠dark이 어딘지 모르게 닮은 것 같았지요. 그 검정의 실체가 어떤 건지는 잘 모르지만 네오가 그랬듯 선생님은 그 검정의 세계로부터 벗어나려고 발버둥치는 것처럼 보였습니다. "누군가 내 곁을 떠날 때면 비가 내렸다"는 선생님 시구에서는 그 검정을 빗물로 씻어내려는 것처럼 느껴지기도 했지요. 먹구름 걷히고 빗물에 씻긴 해를 받으며 바위 틈에 피어난 노란 양지꽃 한 송이가 떠올랐답니다.

현호색 서ㅇ경 선생님

어떤 글제에도 상관없이 선생님 글에는 빠지지 않는 단어가 있더군요. '피아노.' 글 속 선생님 삶은 피아노 이전과 이후로 나눠져 있는 것 같았어요. 가톨릭 신자가 세례명으로 다시 태어나듯, 선생님은 '피아노'라는 아이디로 다시 태어난 사람 같았습니다. 피아노에 앉아 건반을 두드릴 때 선생님은 꽃입니다. 피아노 반주에 맞춰 노래 부르는 저 꽃들의 합창을 보세요. 현호색 들꽃 무리를.

동자꽃 손ㅇ식 선생님

가던 길이 어느 대목에서 끊어진 것 같은, 돌아갈 길을 어느 대목에서 자른 것 같은 강이 선생님 안에 흐르고 있다는 생각을 했어요. 그 이어지지 않는 막막함이 무얼까. 1년을 함께 지냈어도 나는 그 강의 실체를 알 수 없었습니다. 다만 선생님이 부는 피리(아이리시 휘슬)소리를 들으며 '혹시 저 소리가 선생님 안에 흐르고 있는 강물 소리는 아닐까' 생각했지요. 갈라진 여린 피막의 떨림이 내는 피리소리에 얼마나 가슴이 먹먹해지던지. 동자승으로 어른이 돼 버린 것 같은 동자꽃 한 송이 떠올랐답니다.

메꽃 안ㅇ욱 선생님

" '미소가 아름다운 건, 그 사람이 미소 지어서 아름다운 게 아니라, 그 사람이 아름다워 미소가 아름답게 보이는 것입니다.' 선생님은 그런 아름다운 미소를 가진 분이십니다." 봄소풍 다녀온 직후 박ㅇ진 선생님이 카페에 올린 글이지요. 우직스러울 정도로 한결같은 온화한 미소. 아무리 생각해도 지난 1년 동안 난 선생님의 다른 얼굴을 떠올릴 수 없습니다. 봄소풍 때, 담배도 피우지 않는 분이 동료들 주려고 밤 시골길 2㎞나 걸어 담배 사러 가는 길에서, 말없이 담배 두 보루를 동료들에게 건네는 손길에서 짓던 온화한 선생님의 미소. 인문학 1년 내내 선생님의 미소는 말이나 글이 되진 못했습니다. 그래요, 어찌 말과 글로 그 아름다운 미소를 담을 수 있겠어요. 소달구지 흙먼지 내고 가는 둑길에 미소 짓듯 핀 메꽃 같은 미소를.

별꽃 양ㅇ정 선생님

어미의 마음(母心)은 생명을 모시는 마음이란 걸 선생님을 보며 새삼 느꼈습니다. 선생님의 아가, 은별이는 별똥별처럼 칼날 같은 획을 긋고 사라졌지만, 어미 마음은 모심의 땅, 별꽃 한 송이 피어나지요.

금낭화 여ㅇ진 선생님

이름 한 자 한 자가 모두 보석 같은 '여·ㅇ·진.' 선생님 품속 어딘가엔 큰 복주머니 하나가 달려 있을 것만 같아요. 그 안에 아직 가공되지 않은 보물 원석 세 개, '여·ㅇ·

진.' 그 원석을 캐내 갈고 닦으면 어떤 모습일까. 너무 빛나 바라보는 내 눈이 멀지나 않을까. 올봄 금 복주머니 주렁주렁 달고 피어나는 금낭화를 보면 '여·ㅇ·진'이 떠오를 겁니다.

애기나리 윤ㅇ영 선생님

춘사월 약냄새와 꽃향기에 취해 남산 둘레길을 걸으며 "아! 이대로만 같아라"고 시흥을 토해내던 선생님. 여린 봄의 감성이 가을 낙엽되어 떨어지던 날, 선생님은 불안한 눈동자를 감추며 조퇴를 하셨지요. 그 후로 교실에서 선생님을 보지 못했습니다. 나는 6월 여름 초입에 선생님이 쓴 글을 다시 찾았어요. "인문학 강의 마치고 오면서 회상을 하고/ 진짜로 혼자서/ 이리 묻고 이런 생각/ 저리 묻고 저런 생각/ 반대의 생각도 하고 혼잣말도 하고/혼자! 미소! 웃음!/ 울음은 눈물!/ 나도 모르게 눈물이 나오는데/ 막상 글을 쓰려니/막막했었습니다." 나는 다시 춘사월 남산 둘레길을 걸으며 산기슭에 무리지어 피어나는 애기나리를 보며 "아! 이대로만 같아라"고 시흥을 토해내는 선생님을 떠올립니다.

꽃마리 이○훈 선생님

1학기에는 그래도 수업은 참여했는데 2학기 때는 도저히 그냥 앉아 있기 미안해 차마 들어올 수 없었다던 선생님. 무엇이 오랜 세월 선생님의 혀를 그토록 굳게 했을까. 말과 글이 되지 못한 선생님의 속정에 가슴이 아렸지요. 꽃대궁이 달팽이처럼 돌돌 말려 있다가 서서히 풀리면서 피는 꽃이라 해서 이름 붙여진 '꽃마리'라는 풀꽃이 있답니다. 언젠가 선생님 입이 풀려 서울역 수다쟁이가 되어 저를 만날 땐 각오하세요. 인문학 1년 치 글쓰기 숙제를 한꺼번에 다 내줄 테니.

해당화 이○찬 선생님

겨울 바다에 나가 김 가득 실은 리어카를 밀며 구시렁구시렁 아버지 뒤를 따라가던 소년. 이제는 마른 김 같은 푸석한 세월이 겹겹 쌓인 아버지 얼굴을 하고 물김 따던 그 소년을 불러 봅니다. "같은 시라도 그냥 읽는 시하고 외우는 시는 완전히 달라요. 시 한편 외우려고 일주일 내내 이삼백 번 소리 내 읽은 것 같아요." 외운 시를 암송하는 선생님 모습에서 "나도 다른 애들처럼 학교 가서 공부하고 싶었는데" 구시렁거리며 김 따던 소년 이ㅇ찬과, 한 장 한 장 발에 얹혀 말려지는 김을 보며 담배연기를 해풍에 날려 보내는 아버지 이ㅇ찬을 떠올렸습니다. 가시 많은 파도 같은 세월에 바닷바람 맞고 핀 해당화 한 송이 떠올렸습니다.

자운영 정ㅇ준 선생님

학기 초 "희망이 빈곤하여 배고파 울었다", "장미꽃 흐드러지게 피어 사랑이 가는 줄도 몰랐다"는 주옥 같은 시구들을 쏟아냈던 '수도꼭지'(아이디)를 어느 순간엔가 선생님은 잠가버렸습니다. 어머니께서 그러셨다면서요. "밥 속에다 묻어놔도 배곯아 죽을 놈"이라고. 천성이 모질지 못해 남에게 이용만 당할 거라고. 그래서였을까요. 선생님을 보면 봄 논 갈기 전에 흐드러지게 피었다가 보습날에 갈려 꽃비료로 뿌려지는 자운영이 떠올랐답니다. 선생님 다시

봄이 와요. 잠갔던 수도꼭지를 트세요. 흐드러진 자운영 꽃비로 쏟아지게요.

광릉요강꽃 정ㅇ헌 선생님

선생님 글에는 구체적이고 풍성한 이야기들로 넘쳐났어요. 학창 시절 개구진 이야기들이 대부분이지만, 뭉클한 이야기도 있지요. 할머니에 대한 눈시울 붉어지는 이야기. 늘 장난기 가득한 얼굴이 할머니 이야기를 할 때면 순간 진지 모드로 바뀌는 것을 보고 놀랐어요. 할머니 손자사랑이 얼마나 컸으면 다 큰 총각의 큰 눈이 저리 그렁그렁해질까. 선생님이 다닌 학교는 할머니 무릎베개였나 봐요. 광릉요강꽃 개불알처럼 달린 할머니 이야기보따리에서 쏟아져 나온 이야기학교.

은방울꽃 정ㅇ아 선생님

쳐다보면 땡그랑 땡그랑 방울 소리가 나서 우는 아이 눈물도 그치게 만들 것 같은 선생님의 은방울 눈. 용서할 수 있을까 수없이 되뇌며 찾아간 치매 걸린 아버지. 선생님이 눈을 마주치자 아가 같은 미소를 지어 보였다던 아버지. "춘천에 갈 때마다 아버지 미소가 참으로 아름답습니다"고 수백 번 용서의 방울을 흔들어댔다던 은방울꽃 선생님.

피나물 최○겸 선생님

1학기 초 '꼭, 머슴 같겠다고' 다짐했던 선생님의 각오를 저는 잊지 못합니다. 11기 회장으로 선생님의 몸은 정말이지 부지런한 머슴이었습니다. 몸일이라면 얼마나 가볍고 부단히 움직이던지. 하지만 선생님은 너무 많은 재주를 가진 머슴이었습니다. 일하는 재주만 남겨두고 다른 재주들은 감춰뒀으면 싶었지요. 하지만 저는 그 머슴의 마음 속 멍울진 피를 채 보지 못했습니다. 하늘처럼 모시고 살았던 꽃같이 젊고 예쁜 아내를 잃고, 자신도 버려버렸다는, 노란 꽃대 속에 붉은 피 멍울져 있는 머슴의 피나물 속내를 몰랐습니다.

바람꽃 최인호 선생님

우리는 숨죽여 들었지요. 시를 암송할 때 떨리던 선생

님의 목소리와 숨소리 하나 놓치지 않으려고. 선생님 시 암송 목소리에는 슬픔이 묻어 있어요. 듣고 있으면 어느새 우리 가슴이 푹 젖어 있으니까요. 선생님 목소리만큼이나 선생님이 쓴 시 곳곳에도 슬픔이 배어 있더군요. "하늘이 우는 날/ 그 눈물에 목련이 맞았다", "나는 나를 미워했고/…스스로 슬퍼했으며", "당신은 볼 수 없는 한없는 아픔", "첫눈은 서러웠다." 시는 태생적으로 비가(悲歌)지요. 비가 올 때마다 개구리가 울지요. 하지만 '개구리 왕눈이'(아이디) 선생님은 비가 안 와도 우는, 천생이 시인인가 봅니다. 기찻길 바람 따라 고향 파주를 떠났다가 바람처럼 떠돈 바람꽃 시인.

바늘귀

어릴 적 나는 구멍 난 양말을 내 손으로 직접 기워 신곤 했다. 잠시도 몸을 가만히 놔두지 않는 탓에 다른 형제보다 유난히 내 양말은 구멍이 잘 났다. 매번 어머니에게 부탁하기도 뭐하고 그리 어려울 것 같지도 않아 내가 직접 꿰맨 적이 많았다. 물론 꿰맨 모양은 보나마나하고 바늘에 찔리기 일쑤였다. "앗! 따가워!" 아직도 손가락 끝에 남아 있는 바늘 통증. 지금도 구멍 난 양말만 보면 내가 직접 꿰매고 싶은 충동과 더불어 손끝이 절로 아려온다.

한 땀 한 땀 바늘을 뜰 때마다 좁혀지는 양말구멍을 보는 것은 재밌을 뿐만 아니라 스스로 대견스럽기까지 했다.

하지만 오른손으로 찌른 바늘이 왼손으로 짚은 한 땀 길이의 양말 구멍 옆으로 정확히 나와야 하는데, 어쩌다 조금이라도 지나치는 경우엔 여지없이 "앗! 따가워!" 손가락을 찌르곤 했다. 필시 잠시 한눈팔았거나 다른 생각에 골똘한 탓이었을 것이다.

'서양 새는 노래하고 조선 새는 운다'는 말은 중고등학교 때 국어 선생님에게, "우리말은 '바늘귀'라고 하지만 영어로는 '바늘눈the eye of needle'이라 한다"는 말은 영어 선생님에게 들었던 것 같다. 앞의 말은 우리민족은 하도 슬픔을 많이 당해 새소리도 우는 것처럼 들린다고 설명하신 것 같은데, 뒷말은 무어라 설명했는지 기억이 없다.

근대화를 주도한 서구에서 눈은 항상 남성의 상징으로 여겨졌다. 눈은 침탈의 감각이어서 서구문화에서는 종종 활이나 칼로 상징화됐다. 이런 시각(視覺)에 대해 문화비평가 월터 J는 '절개하는 감각'이라고 정의내린 바 있다. 눈은 매우 이기적인 감각이어서 보기 싫은 것은 보지 않으려 한다는 것이다. 하지만 일단 목표물을 정하면 눈은 절개하듯 주변 대상에서 그 사물을 분리하고 잘라내 정복하듯 명쾌하게 분석한다. 이렇듯 눈은 외부 세계와 사물을 분석하는 데 매우 강력한 감각이다.

하지만 사물의 내부를 꿰뚫어보고 이해하는 데는 눈은 별 쓸모없는 감각이다. 반면에 청각이나 후각은 주변에 있는 것을 구별할 수 있는 능력은 좀 떨어지지만, 사물의 훨씬 깊은 곳까지 내려가 사물과 하나가 될 수 있는 조화로운 감각이다. 눈이 활이나 칼처럼 바깥 세계를 향한 직선적인 감각이라면, 청각이나 후각은 내부 세계를 향한 곡선의 수용적인 감각이다. 시각이 과속과 질주로 뻗어나가려는 인간적인 의지의 감각이라면, 청각이나 후각은 더디게 안으로 파고드는 자연적인 본능의 감각이다. 우스갯소리처럼 들이겠지만 인류가 시각보다 청각이나 후각이 훨씬 발달된 생명체였다면, 인류 문명은 지금보다 민족, 종족 간에 훨씬 평화롭고 자연과 보다 친화적인 문명이 되었을 거라는 상상을 해본다.

그렇다면 직선적이고 이성적이며 분석적인 서구적 시각 문명과 곡선적이고 감성적이며 수용적인 동양적 청각 문명의 차이가 바늘에 서로 다른 '눈과 귀'를 달아준 게 아닐까?

서양문학을 전공하고 문학을 분석, 비평하는 방법을 연구하고 가르쳐온 나로서는 아무래도 바늘귀보다는 바늘눈 같은 감각을 주로 길러왔다. 인문학 글쓰기 수업에도 어떻게 하면 우리 선생님들에게 글쓰기 비법을 '콕' 집어 가르칠 수 있나를 고민해왔던 것 같다.

"오감이 펄떡펄떡 살아 있는 단어를 쓰세요."
"문장의 주술을 일치시켜야 합니다."
"가능하면 단문을 쓰세요."
"명사보다는 동사 위주의 문장을 쓰세요."
"참신한 수사와 비유는 문장에 생기를 불어넣습니다."
"첫 문장에서 독자의 눈을 사로잡지 못하면 끝장입니다."
"맞춤법, 띄어쓰기가 안 되면 아무리 좋은 글이라도 지저분해지고, 읽히지 않습니다."
"문장의 리듬을 살리세요."
"선생님들은 누구보다도 아픔의 원체험을 많이 가지고 계십니다. 문제는 고통의 원석을 어떻게 글로 깎고 다듬어 보석을 만드는가입니다. 모든 고통이 진주가 되는 건 아니

듯, 표현되지 않은 아픔은 담석일 뿐입니다."

　나는 내심 글쓰기를 통해 선생님들의 구멍 난 삶을 스스로 꿰매기를 바랐다. 하지만 한 학기가 지나도록 아니 1년이 다 되도록 선생님들의 글쓰기는 지지부진한 것만 같았다. 그런데 언제부턴가 꿰매질 것 같지 않던 그 구멍들이 조금씩 좁혀지고 있는 게 느껴졌다. 그건 내 바늘눈 같은 글쓰기 수업의 결과가 아니라, 자원활동가와의 만남을 통해 선생님들의 구멍 나고 해진 삶이 조금씩 꿰매지고 기워졌기 때문이었다. 활동가들은 선생님들의 이야기를 아무 조건 없이 들어주는 '바늘귀'였다. 분석하거나 자르고 베어내는 시각적 관계나 글쓰기 문법과 규칙을 가르치고 배우는 직선적 관계가 아니라 모든 걸 그대로 수용하고 포용하는 청각적이고 곡선적인 만남을 통해 선생님들은 자신의 상처 구멍을 조금씩 드러내기 시작했고, 그 구멍들은 활동가들의 바늘귀로 한 땀 한 땀 기워져갔다.

　어릴 적 어머니는 눈으로 재거나 가르는 것 같지 않으면서도 바느질을 손쉽게 했던 것 같다. 그래도 손가락 한 번 바늘에 찔린 것을 본 기억이 없다. 아마도 오랜 경험으로 눈보다는 손가락에 전해지는 감각에 의지해 바느질을 했을 것이다. 무명천에 비단실 한 땀 한 땀 바늘귀 따라 수를 놓는 섬섬옥수(纖纖玉手). 21세기에 이보다 아름다운 여인의 자태를 상상할 수 있을까! 자식이나 지아비의 옷을 손수 만들어 입힌 우리 어머니들에게 바늘이란 당신의 손이요 마음이나 다름없었다. 미운 자식 고운 자식 못난 낭군 잘난 낭군, 옷을 만들어 입히는 어머니와 아내의 마음에 무슨 구별이 있을 수 있을까. 잠깐 보기 싫어 눈 감아도 항상 열어두는 귀의 마음이 어머니 마음이다. 그래서 솔기 없이 이으며 감치는 바늘에는 찌르는 바늘눈이 아니라 깁는 바늘귀가 달렸던 것이다.

　글쓰기는 참 뾰족하다. '꼭' 지켜야 할 맞춤법, 문법, 문장 규칙이 있다. 이 규칙들은 쓰기도 전에 선생님들의 마음을 무겁게 만들고 머리를 지끈거리게 한다. "무조건 아무거라도 일단 써보세요"라는 내 말은 선생님의 어떤 여린 부위를 바늘눈처럼 '콕' 찌를 뿐이다. 나는 틀렸다. 선생님들에게 글쓰기는 그렇게 해서 나오는 게 아니다. 글이 먼저가 아니라 말이 먼저다. 자신의 이야기를 글로 쓰기 전에 말로 먼저 열어놓는 과정이 필요했다. 그 과정에 필요한 건 큰 귀다. 구멍 나고 해진 삶을 꿰매고 기울 '바늘귀'가 필요한 것이다. 글은 이후에 바늘귀에 실처럼 끼우기만 하면 될 일이고, 나는 한 땀 한 땀 기워지는 '글실'을 보고 기뻐하기만 하면 될 일이었다. 진리에 이르는 가장 가까운 길로 '감동'하기만 하면 될 일이었다.

봄 여름 가을 겨울 그리고 봄

봄

올해도 어김없이 나의 봄바람은 서울역에서부터 불어왔다. 9기(2013년) 신입생 26명을 맞이하는 서울역의 봄. 학기 초, 꽉 찬 교실에서 선생님들의 시선이 태풍의 눈처럼 26개 봄 '바람(望)'을 일으켜 교탁을 향해 불어오기 시작했다.

이들 바람의 정체(色)는 무엇일까? 그 바람을 채울 나의 인문학이란 한낱 바람(風)일 뿐 옷 한 벌, 빵 한 조각, 방 한 칸도 줄 수 없다. 그래서 우리 사회에서 비효율적이라고

낙인찍힌 노숙인과 인문학이 만나는 나의 봄은 시작부터 불온하다. 봄바람은 변덕이 심해 따스한 공기에도 종종 얼음이 박혀 있다. 신입생 몇 명은 개강한 지 채 한 달이 못 돼 서둘러 바람을 접었다. 그들은 인문학이 그저 바람(쏘)일 뿐임을 빠르게 눈치 챈 것이다. 그래도 봄은 기어이 오고야 마는 것. 우린 장흥으로 봄소풍을 갔다. 꽃샘추위에 서둘러 핀 꽃망울이 떨어질 뻔한 고성원 선생도 몸속에 꽃을 감춘 무화과 같은 강ㅇ식 선생도 솔솔 봄바람을 탔다.

서울역 인문학의 봄바람은 연두색이다. 나는 그 색을 '희망'으로 해석했다.

여름

거리 선생님들에게 인문학의 열매(여름)는 무엇일까. 자존감(自尊感) 회복인가. 그렇다면 자존감은 어떻게 회복될 수 있을까. 스스로 생존(自存)하는 데 필요한 최소한의 의식주가 충족되지 않고서 자신의 존재에 대한 가치를 높인다는 게 가능한가. 성프란시스 인문학 교실의 여름은 자존(自存)

과 자존(自尊) 사이에서 방황하며 싸우는 계절이다. 몇몇 선생님은 자존(自存)을 위해 교실을 떠나고, 몇몇은 그 둘 사이에서 방황하며, 또 몇몇은 자존(自尊)을 위해 교실을 지켰다.

여름 동강 수련회는 그 둘 사이의 휴전이면서 동시에 전투력을 다지는 MT다. '나도 방황하고 너도 싸우고 있다'는 걸 서로 확인하는, 교수, 학생, 자원활동가, 실무자가 함께 먹고 자고 놀다 이야기를 나누며 '우리'를 확인하는 자리다. 수련회를 기점으로 자존(自尊)을 위해 윤ㅇ호 선생이 교실로 돌아오고, 김ㅇ규 선생은 자존(自存)을 위해 교실을 떠났다.

서울역 인문학의 여름은 나뭇잎색이다. 연둣빛 이파리 앞면은 초록으로 더욱 짙어지고 뒷면은 잿빛으로 색이 바래는 나뭇잎색. 다시 바람이 불면 뒤집히기를 바라며 나는 그 색을 '기다림'으로 해석했다.

가을

늘 그렇지만 2학기 교실은 조금 썰렁하다. 선생님들 사이의 이런 저런 갈등과 자존(自存)과 자존(自尊) 사이의 방황으로 출석률이 들쭉날쭉하다. 그럼에도 자존감 회복을 향한 인문학 교실 투쟁 열기는 뜨겁다. 엉킨 실타래를 풀려는 듯 질문에서 답을 구하려는 윤ㅇ호 선생, 글로 사유의 거미집을 짓는 전ㅇ조 선생, 생각하는 사람 이ㅇ민 선생, 필사(筆寫)하지 않으면 죽을(必死)것만 같은 심ㅇ용 선생, 육의 양식에서 영혼의 양식을 구하는 최ㅇ복 선생, 성실과 믿음에서 자존을 발견하는 김ㅇ권 선생, 영원한 침묵의 금기를 깨려 애쓰는 박ㅇ웅 선생, 자신의 모난 성격에 정을 쪼아대는 서ㅇ일 선생, 눈물 글썽이며 돌아온 박ㅇ남 선생, 삶을 복기하는 정ㅇ선 선생, 교실에서 피붙이보다도 진한 아우를 찾으려는 주ㅇ식 선생, 죽겠다 죽겠다 하면서도 죽지 않고 잘만 버티는 장ㅇ일 선생, 무 댓글에도 '하장 하장'을 외치며 끊임없는 독백을 뱉어내는 고ㅇ동 선생, 그래도 아주 떠나진 않고 인문학 교실 주위에서 동심원을 그리는 성ㅇ희 선생, 희망자전거에서 인문학 바퀴를 굴리는 박ㅇ영 선생.

서울역 광장에서 펼친 성프란시스 인문대학 문예발표회는 이런 투쟁으로 맺어진 작은 결실이다. 그 결실은 단지 우리가 쓴 시와 붓글씨, 우리가 부른 노래만이 아니다.

그건 우리가 넘어진 곳에서 인문학이라는 눈을 뜨고 다시 일어났다는 선언이었다. 언제 다시 또 넘어질지 모른다. 하지만 지금 우리는 분명 일어서 있다.

서울역 인문학의 가을은 붉다. 그 붉은 빛이 떠오르는 새벽빛이든 사그라지는 노을빛이든 그건 중요치 않다. 중요한 건 지금 우린 '타고 있다'는 것이다. 나는 그 빛을 '생명'으로 해석했다.

겨울

봄바람이 서울역에서부터 불어오듯 겨울바람도 서울역에서부터 불어온다. 봄바람은 거리 선생님들을 광장으로 나오게 하고, 겨울바람은 지하로 숨어들게 한다. 그 겨울 성프란시스대학의 겨울바람은 너무도 혹독했다. 일러도 너무 이른 나이, 마흔셋의 고성원 선생을 돌아오지 못할 아주 먼 곳으로 데려가버린 것이다. 술, 까짓것 한두 번 먹어본 것도 아니고 넘어져도 툭 치면 벌떡 일어날 사람이라, 지켜보다가 그만 허망하게 겨울바람에 선생을 잃고 말았다.

장례는 성프란시스 학교장으로 치렀다. 인사유명(人死留名)이라더니! 그는 죽음으로 여기저기 흩어진 서울역 거리 사람들을 불러 모았다. 성프란시스 9기 선생님들은 모두 상주 역할을 했다. 우린 어느새 피붙이보다 진한 가족이 되어 있었다. 1학기 때만 해도 마음 둘 곳을 찾지 못하고 방황하던 막내 박○홍 선생은 형을 잃은 대신 가족을 찾았고, 박○철 선생은 슬픔을 꾹꾹 누르고 물려받은 장남 역할을 묵묵히 해냈다. 우리는 고성원 선생님으로부터 '서울역 인문학 가족'이라는 선물을 받은 대신, 영월 동강 자신의 탯자리로 한줌 재가 된 선생을 돌려보냈다.

서울역 인문학의 겨울은 검정색이다. 모든 빛을 흡수해 먹빛으로 만들어버리는 검정색. 하지만 밝을 때는 보이지 않던 달빛, 별빛을 욱욱 돋아나게 하는 어둠의 색. 나는 그 색을 '탄생'이라 해석했다.

그리고 봄

통영 졸업여행에서 우리는 바람에 한껏 들뜨고 파도에

달떴다. 남해 바다에 떠 있는 다도해 섬처럼 몸도 마음도 삼일 내내 부표처럼 떠서 출렁거렸다. 많이 먹고 많이 웃었다. 서울역으로 돌아온 우리를 기다리는 건 이제 졸업식뿐. 졸업문집 글쓰기로 갈무리하는 인문학 1년.

다시 서울역에 봄바람이 불어온다. 인문학에 기댄 우리 바람(望)의 색(色)은 무엇이었나. 빵이었나, 집, 옷이었나. 다시 빈손이다. 하지만 이제 우리의 바람(望)은 없어 배부르고 나눠 따뜻하고 기대어 행복할 것이다. 우리는 지난 인문학 1년을 통해 9기 식구(home)가 되어 홈리스 homeless에서 'less'를 떼어냈다. 서로에게 형, 동생, 아버지가 돼주고, 따뜻한 동료애로 옷이 돼주고, 등 기대 서로의 집이 되는 한 식구다. 인문학은 다름 아닌 인간학이다.

다시 맞는 서울역 인문학의 봄바람은 그래서 연두색이다. 나는 그 색을 또 다시 '희망'으로 해석한다. 지난 봄과 같지만 다른 희망. 인문학 바람(望)에서 인간학 바람(色)으로 '섹시'하게 부는 희망이라는 바람(望).

거울 속의 나

1960 경자년에서 2020 경자년으로 천지의 한 사이클을 돌아 거울 앞에 선 나. 주름으로 그늘진 얼굴, 참 못생겼다. "잘 살았네요", "참 대책 없이 사셨군요." 거울에 꼴을 부여하듯 달라붙는 액자틀 같은 댓글. 친숙하면서도 낯선 이 거울 속 '나는 누구인가.'

2010년, 나는 존재 이유를 묻지 않고서는 도무지 견딜 수 없어 대학 강단을 내려왔다. 내려와 직업 글쟁이들 속 내를 살피는 문학평론가로서 내 존재 이유를 물으려 했다. 두루 살폈지만 치열하진 못했던 내 물음글, 글물음은 강단에서 내려올 때 가방 속에 챙겨온 단 한 가지, 손거울 같은 것이었다. 지난 10년을 돌이켜보니 나는 그 손거울을 서울역 어느 벽에 못 하나를 박아 벽거울로 걸어두었던 것 같다. 그러곤 '마구쓰기'를 앞세워 서울역 인문학 선생님들을 그 거울 앞에 서게 했다.

마구쓰기는 무작위로 떠오른 단어, 이미지, 상황을 글제로 해서 생각나는 대로 10분여 동안 짧은 글을 써보는 것이다. 이 글쓰기 연습의 핵심은 글의 전체적인 구성이나 구조에 대한 구상 없이 말 그대로 마구쓰는 것이다. 글제로 첫 단어, 이미지, 상황이 제시되면 자연스레 연상되는 다음 단어, 이미지, 상황을 붓 가는 대로 써내려간다. '자유연상기법,' 또는 '브레인스토밍'이라고도 하는 이 글쓰기 연습은 마구 쓴다고 하지만, 실은 잠재(무)의식의 심연으로 내려가는 여행이다. 연상작용으로 꼬리에 꼬리를 물고 도달하는 여행의 종착지는 결국 눌러둔 나와, 나와 관련된 기억들이 뒤엉킨 채 돌아와 거울 앞에 선 내 모습이다.

들추고 싶지 않은, 들여다보고 싶지 않은 '거울 속의 나'와 마주한 선생님들. 대명사와 추상명사로 좀 떨어져 바라보고 싶은 선생님들과 고유명사와 동사로 더욱 가까이 다가가 자세히 바라보라고 채근하는 나 사이에 실랑이가 벌어진다.

"그러고 싶은데 적당한 단어가 떠오르지 않아서."
"어떻게 표현해야 할지."
"마지막으로 글을 써본 게 언젠지."

내 속에 너무나 많은 '나 들'을 보면서도 나라고 부르지 못하고 허공을 맴도는 몇몇 볼펜들. 학기 초 글쓰기 수업의 풍경이다.

언어를 매개로 자신의 존재와 맞선다는 것은 무슨 의미일까. 이 물음은 지난 18년 동안 인문학 선생님들과 글쓰기로 만나면서 끊임없이 나 자신에게 던진 화두였다. 동시에 손거울로 비춘 내 물음글, 글물음 평론의 화두이기도 했다. 그 정진의 끝에서 다다른 결론은 언어는 존재에 이르기 위한 매개나 방편이 아니라 존재 자체라는 것. 점수점오(漸修漸悟)라고나 할까. 인간은, 아니 인간만이 자신의 존재에 대해 물음을 던진다. 언어는 그 물음의 도구로 단지 방편일 것 같지만 언어를 떠난 인간 존재는 생각할 수 없다. 인류는 언어와 동시에 탄생했고 인류 역사는 언어와 더불어 흘러왔다. 인류 문명의 발달은 곧 언어 문명의 발달이다. 현대인에게 언어(기호) 밖은 없다. 불교 선종에서 진리에 이르는 불립문자(不立文字)라는 깨달음조차도 언어로밖에 사유할 수 없는 불리문자(不離文字)인 셈이다. 한 현대 철학자는 "언어가 있는 곳에만 세계가 있다. 언어가 있는 그곳에 결단과 활동, 행동과 책임, 사유와 혼란, 퇴락과 착란이 끊임없이 변화하고 일어나는 세계가 있다."고 했다. 한마디로 하이데거의 유명한 언명처럼 "언어는 존재의 집"이다.

 마구쓰기로 우물 바닥에 비친 내 모습을 건져올리는 일은 은폐된 내 존재를 드러내 건설하는 일이다. 그런데 나의 존재는 수많은 더께들로 은폐돼 있다. 종교·이념·사상·문화·민족·국가·인종·신념… 이라는 더께들. 손때 묻은 돈처럼 무한 유통되는 언어라는 때로 뒤범벅되어 있다. 내 존재를 둘러싸고 있는 구체적이고 유일한 사물·사건들은 대명사로 일반화되거나 추상명사로 관념화되어 은폐되기 일쑤다. 이런 (현)존재의 참모습을 드러내는 일이 바로 '진리'라고 하이데거는 말한다.

거리 선생님들이 겪고 있는 진정한 빈곤은 무엇일까? 물질의 빈곤보다 더 근원적인 자존(自尊)의 빈곤. 자존(自尊)은 결국 자존(自存)에 대한 물음 또는 성찰을 통해 회복될 수밖에 없다. 그것은 인문학의 물음이었고, 본질적으로 글(文), 언어의 문제다. 언어의 빈곤은 곧 존재의 빈곤으로, 존재의 빈곤은 모험의 빈곤, 사랑의 빈곤, 꿈의 빈곤으로 떨어질 수밖에 없다.

그래서 다시 돌아온 마구쓰기. 심연의 거울 속 자존(自存)을 드러내되, 은폐된 더께들을 덜어내는 일. 녹 쓴 칼을 갈듯 쓰고 또 씀으로써 익숙·일반·관념·관습의 더께들로 가려진 내 존재를 드러내어 '거기 있게(現存)'하는 일. 이것이 자존(自存)을 드러내 자존(自尊)을 회복하는 성프란시스 인문학 과정의 존재 이유이다. 그래서 졸업장을 품에 안고 학교를 떠나는 선생님들에게 언제나 똑같은 마지막 숙제를 낸다.

"아무거나 마구 쓰세요."

리슨(Listen)!

"다음 역은 주성 카센터, 이우학교입니다."

고개가 절로 왼쪽으로 돌아갔다. 자식된 도리는 다해야지 하는 마음으로 2017년 6월에서 2018년 9월까지, 집에 들어가기 전 내렸던 정거장이다. 이젠 내릴 필요가 없어졌는데 아직도 이 정거장 안내방송에는 절로 귀가 쏠린다.

나의 아버지는 외항선 선장으로 평생을 바다에서 보냈다. 멧부리 담뱃대를 물고 오대양 육대주를 누빈 마도로스 박. 월남이 패망할 때 공해상에서 난민 215명을 구해 대한적십자사로부터 박애훈장을 수상한 캡틴 박. 하지만 정년

퇴임 후 캡틴 박의 육상생활은 영 서툴렀다. 퇴직금을 증권으로 다 날려버려 개발 붐을 코앞에 둔 시점에서 대치동 아파트를 팔고 상계동 시영아파트로 이사해야만 했다. 재작년 초부터 어머닌 치매를 앓기 시작했고, 아버진 5년 전에 수술한 림프종암 후유증으로 몸이 많이 쇠약해졌다.

그래서 내가 사는 곳 근처에 셋방을 구해 두 분을 모셨다. 하지만 이사한 지 몇 달 후, 어머니는 치매가 더욱 심해져 도저히 집에서 감당이 안 돼 어쩔 수 없이 근처 요양원으로 모셨다. 홀로 남은 아버지를 위해 아내와 내가 아침저녁으로 번갈아 들러도 외로움은 어찌할 수 없었나 보다. 바다의 외로움은 견뎌도 뭍의 외로움은 견디기 힘들었는지 장남 곁으로 이사 온 지 1년 만에 아버지는 세상을 떠나셨다. 그날이 바로 작년 인문학 여름 수련회 출발일이었다.

밖에서 보면 외항선 선장의 삶은 화려해 보인다. 하지만 실은 매우 고독한 직업이다. 연중 대부분을 망망대해에 떠 있는 섬처럼 배 안에서 남자 선원들과 보내야 하는 삶은 단조롭고 팍팍하다. 항구에 정박해 화려한 육지 나들이라야 고작 이삼 일 남짓뿐. 바다에서 아버지의 유일한 낙은 자식들에게 보내고 받는 편지뿐이었다. 집에 머무르는 시간이 1년에 3개월 정도밖에 안 되니, 아버지는 자식들에게 못다 한 말들을 항해 중 편지로 써서 대신했다. 다섯 자식에게 각각 서너 장씩 얇은 습자지에 깨알 같은 글씨로 빼곡히 채워서 보낸 편지. 내용은 대부분 공부에 관한 것이었다.

3개월여 항해 끝에 집에 돌아와 아버지와 함께 있는 일주일 동안은 그야말로 '감사(監査) 기간'이다. 어머니는 회계 감사, 자식들은 학업 감사. 어머니와 자식들의 감사 보고가 끝나면 아버지의 긴 결과 보고가 시작되었다.

'리슨(Listen)!'

3개월여 동안 바다가 삼켜버린 말들을 일주일 동안 토해내려는 듯 캡틴 박은 시간과 장소를 가리지 않고 '리슨!'을 연발했다. 자식들은 밥을 먹다가, 티브이를 보다가, 걷다가, 노래를 부르다가, 웃다가, 울다가도 리슨! 리슨! 리슨!을 들어야만 했다. 3개월마다 일주일씩.

"다음 역은 주성 카센터, 이우학교입니다."

돌린 고개를 바로하고 지나가는 정거장에서 내 뒷목을 잡아끄는 '리슨!'은 이제 더 이상 들리지 않는다. 2018년 9월, 아버지 유해를 원주 치악산 자락에 사는 동생 집 마당에 책만 한 크기의 작은 비석을 세우고 그 밑에 묻었다. *Captain, Oh! My Captain!*이라 비문을 새겨.

매번 졸업여행 때마다 그랬지만, 12기 졸업여행 기간에 나는 유난히 더 달떠 있었다. 여행지가 내 고향 진도인데다, 고향 앞바다에서부터 할아버지와 캡틴 박의 어떤 익숙한 소리가 들리는 것만 같았기 때문이다.

'리슨!'

첫째 날 저녁, 일정 변경에 관한 토론은 퍽 인상 깊었다. 돌아가며 자신의 의사를 조심스럽게 꺼내는 선생님들의 말이 얼마나 조리 있고 명쾌하던지 나뿐만 아니라 다른 교수님들도 적잖게 놀란 눈치였다. 더욱 인상 깊었던 것은 누구라 할 것 없이 남의 말을 경청하는 선생님들의 모습이었다. 나도 놀란 토끼처럼 두 귀를 쫑긋 세웠다. 이어진 담소 자리에선 내 옆 그리고 맞은편에 앉은 복면시왕*으로부터

시가 술술 흘러나왔다. 놀란 내 귀는 어느새 술잔이 되어 한잔 두잔 시와 함께 술을 받아 마셨다. 자꾸 목말라 석잔 넉잔 할아버지와 아버지의 바다를 마셨다.

둘째 날 아침, 눈을 뜨자마자 나는 뒷동산 산책로를 따라 원포 선창가까지 걸었다. 저편 고향 금호도에서 이편 해변 기슭으로 밀려온 파도가 연신 내 귓전에 부서졌다. 하지만 내게 바다를 가르쳐준 할아버지, 인생 항해술을 시연하던 아버지 소리는 더 이상 파도소리에 실려 오지 않았다.

"리슨!"

그럼 고향에 내려와 내가 들은 건 누구의 소리였을까. 어젯밤 나는 인문학 선생님들의 이야기와 시에 취했는데. 그렇다! 이제 내 온몸과 마음을 기울여 들어야 할 소리는 당신들의 소리다. 내 삶의 방향키를 잡고 있는 서울역 선생님들 Captain, Oh! My Captain!

● 1년 인문학 과정을 마칠 때 쯤, 문예발표회를 연다. 12기 문예발표회에서는 '복면시왕'이라는 순서를 마련해, 자원활동가가 직접 만든 북어 가면을 쓰고 최승호 시인의 〈북어〉를 선생님 두 분이 암송했다.

웃음을 가르치는 노숙 아저씨

6기 선생님에게 과제로 내준 '한 주일 동안 쓴 메모 나누기'가 생각나, 그날 집으로 오는 차 안에서 수첩을 뒤적였다.

"헤헤! 그치만 나도 한 가지 가르쳐줄 것이 있다구. 누구든 나한테 와봐. 히히! 웃는 거 하난 가르쳐줄 수 있지, 흐히!"

-3월 17일, 성남 안나의집 두드림* 초대공연에서

2009년 3월 17일, 성남 '안나의집' 쉼터에서 두드림 풍물패가 첫 외부공연을 할 때 적어놓은 메모였다. 메모를 보니 그분의 웃는 얼굴이 생생하게 떠올랐다. 그것도 매우 유쾌하게.

성남 안나의집 쉼터에서 제1회 인문학 강좌를 열 때, 난 첫 번째 강연자였다. 제2회 인문학 강좌 때에도 강연을 부탁받았다. 하지만 나는 따분한 내 강연보다는 두드림 풍물공연과 두드림 선생님 중 한 분에게 성프란시스대학 인문학 수강에 대한 느낌과 소감을 듣는 게 훨씬 나을 거라고 담당 실무자를 설득했다. 내 짧은 인사말에 이어 삼성코닝 교육담당 상무도 인정한 군중연설의 달인 인문학 4기 졸업생 권일혁 선생이 인문학 체험담을 들려주었다. 참석한 수강생뿐만 아니라 우리 두드림 풍물단원의 귀를 활짝 열게 하고 가슴을 들었다놨다하면서 권 선생은 분위기를 한껏 고조시켰다.

"아이! 그만 좀 끼어들어. 시끄러 죽겠다고. 어느 정도껏 해야지, 강의를 못 듣겠잖아. 으 씨~."

순간 찬물을 끼얹듯, 강연장엔 긴장감이 돌았다. 참석한 수강생 중 한 분이 시도 때도 없이 혼잣말로 중얼거리는 걸 듣다 못한 다른 수강생이 제지하고 나선 것이다. 60대 초 중반으로 보이는 이분의 특이한 행동과 생김새가 낯이 익다 싶었는데 자세히 보니 작년에도 참석한 그분이었다. 한눈에 봐도 조금 모자란 듯 보이는 이분은 남들이 듣든 말든 계속 혼잣말로 알 수 없는 말들을 중얼거렸다. 내 귀와 눈에는 전혀 거슬리지 않았던 건 쉬지 않고 말을 하면서도 얼굴엔 웃음이 가득했기 때문이었다. 고단한 길거리 삶에 찌들대로 찌들었을 텐데도, 초로의 얼굴엔 천진난만한 아이 웃음이 제집인 양 둥지를 틀고 있었다.

그런데 순간 찬물이 끼얹진 듯, 입에서 나오던 말과 웃음이 멈칫하더니,

"헤헤! 그치만 나도 한 가지 가르쳐줄 것이 있다구. 누구든 나한테 와봐. 히히! 웃는 거 하난 가르쳐줄 수 있지, 흐흐!"

처음으로 혼잣말이 아닌 말을 하고는 입과 웃음을 닫았다. '모자라다니!' 짧은 내 생각이 한없이 부끄러웠다. 이런

어색하고 싸늘한 분위기에서도 그 혼자만 모자라지 않은 웃음을 나눠주고 있지 않은가!

왜 굳이 노숙인에게 인문학이 필요한가? 내가 두 번씩이나 했던 강의에 한 번이라도 참석한 노숙인들의 고개를 끄덕이게 한 게 있었나? 모자란 건 나였다. 저렇게 환하게 웃는 거 하나 배워가지도 못했으니. 나는 모자라도 한참 모자랐다.

● 풍물패 두드림(Do Dream)은 2009년에 조직된 성프란시스대학 내 풍물동아리이다. 10여 명 단원으로 2025년 현재까지 유지되고 있다.

선우사(膳友辭)

1987년 10월, 송파구 석촌동 전세 800만 원 지하방에 신혼살림을 차렸다. 그 후로 10여 년 동안 열 차례 정도 이사를 다녔다. 주거환경이 조금 나은 곳으로 간다는 생각에 이사가 그다지 힘들게 여겨지지 않았다. 아직 팔팔한 나이기도 했으니까. 그러다 피치 못할 사정으로 방을 줄여 이사가야만 했던 적이 있었다. 아이도 둘이나 생겨 식구도 늘었는데, 더 좁고 어두운 곳으로 기어들어간다는 생각에 짐 싸는 게 어찌나 힘들던지.

2020년 후암동 교사에서 서울역 교사로 인문학 교실을 옮길 때 내 기분이 딱 그랬다. 좁아진 교사로 입학정원이 줄어 아쉬웠지만, 그래도 선생님들과 함께 공부할 수 있어 즐거웠다. 주방 공간도 좁아 직접 조리를 할 수 없었지만 도시락이라도 함께 먹는 것에 감사했다. 봄소풍 갈 때는 정말 신났다. 그런데 아뿔싸! 신종 코로나라니! 꿈에 그리던 여름 수련회도, 야외 현장학습도, 졸업여행까지도 모두 모두 락다운! 그나마 학무국장이 애써서 국화도 가을소풍을 갈 수 있어서 얼마나 다행이던지.

인생은 추억으로 쪼그라든다는데 나의 50대 10년은 서울역 인문학 추억으로 울긋불긋, 자글자글했다. 매해 그렇듯 교실 문턱에서 16기 선생님들을 배웅하며 지난 1년 글쓰기 추억을 반추해본다. 흰밥과 가자미같이 선득선득한 밥상친구(膳友)들의 추억을.

곽○기 선생님, 제가 '선우의 추억'이라 비유한 것은 백석을 깨워 눈밭에 구르게 한 선생님의 <나와 나타샤와 흰당나귀>의 암송 때문입니다. 분명 시를 낭송했는데 장기하의 <싸구려 커피> 노래를 들은 것만 같고, 판소리를 들은 것만 같은 선생님의 백석 시 암송. 어떡해야 이런 암송이 나올 수 있을까. 감히 흉내낼 수도 없는 선생님의 백석 시 암송의 스왜그에 난 그만 넋을 잃고 "리스펙트! 리스팩트! 리스팩트!" 소리만 외쳤더랍니다.

나○환 선생님, 학기 초 인문학 수업에 대한 선생님의 순정, 희열, 열망, 기대, 희망을 선생님의 눈빛에서 전 똑똑히 보았어요. 하지만 선생님의 열망은 알코올의 도수처럼 너무 순정했던가 봅니다. 헤아릴 길 없는 절망을 딛고 국화도 가을소풍길에 함께 나선 선생님을 보고 얼마나 반가웠던지요. 풍상고절을 다 겪어내고 국화도 빨간 등대 곁에 핀 해국 한 송이. 선생님 얼굴에서 보았답니다.

배○환 선생님, 시상 전개의 섬세함과 다양함으로 선생님 글의 행간과 속내를 제가 잘 읽어내지 못한 적이 많았지요. 헌데 뜻밖에도 그 행간과 속내를 선생님이 올린 사진들 속에서 보게 됐답니다. 선생님의 글길이 카메라를 메고 떠도는 '부산 사나이'(아이디)의 발길과 겹쳐져 드러나더군요. 세상을 포착하는 카메라 앵글의 섬세함과 다양함.

"방황하는 사람은 찾는 사람이다"고 『파우스트』에서 괴테가 말했지요. 넓고 섬세하게 글길 따라 눈길 따라 나서는 부산 사나이의 떠돎이 눈부십니다.

송O구 선생님, 쓸 때마다 심장이 '두근두근 콩닥콩닥' 거린다는 선생님의 글을 보고 제 얼굴이 얼마나 빨개지던지요. 선생님의 첫사랑 고백 같은 글쓰기에 제 가슴도 덩달아 '두근두근 콩닥콩닥' 뛰었답니다. 이젠 세상과의 관계에서도 글쓰기 고백처럼 맺어지기를 두 손 모아봅니다.

손O식 선생님, 1학기 남산백일장에서 선생님이 쓰신 시 <비>를 보고 제가 흠뻑 젖었답니다. 원고지 한 칸 한 칸 또박또박 정성을 다해 쓴 글씨가 얼마나 멋지던지요. 붓글씨처럼 빗물에 번진 푸른 볼펜 글씨가 너무 멋있어 원고지 한 칸 한 칸 우산을 씌우고 싶을 정도였어요. 글씨처럼 바른 마음씨를 지닌 선생님, 졸업 후에도 부디 손글씨 손놓지 마시기를.

유○욱 선생님, 서투르고 겁이 나도 인문학 문우들에게 먼저 다가가고, 쓰다 지우고 다시 쓰다 지워도 또 다시 쓰는 선생님의 글쓰기. 한 글자 한 글자 스며들어 마침내 시와 내가 하나되는 선생님의 삶은 눈물이 춤추는 아모르 파티입니다. 파이팅!

이○우 선생님, 희망지원센터 자활을 하다가 거리 선생님들에게 먼저 다가가 웃으며 인사하는 데서 '행복'을 발견했다고 하셨지요. 그 행복을 글에 담으니 읽는 제겐 더없는 행복선물이었답니다. 선생님, 졸업하더라도 그 행복 가끔 글로 나눠주세요.

이○은 선생님, 어느 늦여름 저녁, 사회생활 시작과 함께 포기했던 음악을 찾아 다시 걸음마를 뗐다던 후암동 골목 재즈카페. 오랜 음악 친구를 만나 함께 찍은 사진에 선생님 얼굴은 반쪽만 나왔더군요. 이상해서 함께 올린 다른 사진들을 봤습니다. 가로등만 지키고 있는 텅 빈 골목과 양철지붕 사이 드러난 푸르스름한 하늘. 저 풍경이 지음(知

音)에게도 드러낼 수 없는 선생님의 나머지 반쪽 얼굴이었을까. 카페에 올린 '소소한 이야기' 글들을 읽으며 머뭇머뭇 한 발 한 발 내딛는 선생님의 온 얼굴이 보일듯 말듯.

최인택 선생님, 어느 수업 중엔가 선생님을 보며 '외로움이 얼마나 삭혀져야 맑은 장으로 가라앉은 고독이 될까'라는 생각을 한 적이 있었어요. 그러다 뒤통수를 맞았지요. "툭, 은행열매/바닥에 짓뭉개져/엉망이 된 너" 선생님이 카페에 올린 하이쿠 한 방에 어이쿠! 어쭙잖은 제 사념이 얼마나 가당찮은지를 깨달았습니다. 아무리 오래 묵혀도 고상한 고독으로 가라앉을 외로움이란 애당초 없다는 것을.

손○태·조○남 선생님, 미안합니다. 조금 더 재밌게 글쓰기에 다가가도록 일타강사의 비법이 있어야 했는데. 다 제 능력 부족 탓입니다. 그리하여도 좋은 글 볼 때마다 필사해 보시기를 권합니다. 공부란 것이 본시부터 귀찮고 힘든 것이지요. 팔다리에 근력이 없으면 삽질도 힘들 듯, 눈에도 근력이 붙어야 책 읽기가 수월하고, 손에도 근력이 붙어야 글 쓰는 데 힘들지 않답니다. 생각도 연습을 해야 뇌에 근력이 붙어 끈기 있게 할 수 있지요. 우리 삶이 수월하게 마음먹은 대로 살아지는 것이라면 공부가 무슨 필요가 있겠습니까. 선생님, 아무쪼록 건강하셔야 합니다.

더욱 자글자글한 추억으로 쪼그라들 60대로 들어선 나. 16기 선생님들, 부지런히 퍼내지 않으면 이내 말라버릴 제 가슴에 한 바가지 마중물을 부어주십시오. 흰밥과 가자미가 놓인 낡은 나조반에서 우리 함께 갈고 길어낸 만경들판과 동해바다, 그 넓고 깊은 인문학 수맥에 당신들의 모교 성프란시스대학의 관을 박고 펌프질하십시오. 가슴이 말라간다고 느껴질 때마다 마구마구.

눈빛, 눈빛들

1
내 너무 별을 쳐다보아
별들은 더럽혀지지 않았을까

내 너무 하늘을 쳐다보아
하늘은 더럽혀지지 않았을까

- 이성선 <별을 보며>* 1, 2연

1년(2021년) 반은 대면으로, 나머지 반은 비대면으로 만난 17기 선생님들. 글쓰기 살림 형편은 좀 나아지셨나요?

이제 뭔가 쓸 만한데 끝났다고요. 불어난 건 정밖에 없다고요. 그러게 말입니다. 우리가 지난 1년 동안 주당 3, 4일씩 저녁에 만나 2시간 동안 대체 무엇을 한 걸까요. 문학, 역사, 철학, 예술사, 글쓰기, 심화강좌. 뭔가 머리에 소용돌이 같은 게 일었던 것 같은데 이젠 가라앉았다고요. 텅 비었다고요. 쓸쓸하다고요.

1년 동안 나는 선생님들과 무얼 나눴을까? 글쓰기 7제언, 열린 표현, 디테일, 도시락, 시, 이야기, 마구쓰기, 생각… 곰곰이 생각해보니, 글쓰기를 매개로 서로를 쳐다보는 눈빛을 나눈 건 아닐까 하는 생각이 문득 들었다. 그 눈빛 속에 비친 나는, 그리고 우리의 모습은 어땠을까. 카페 글쓰기방에 들어가 그 '눈빛들'을 다시 보았다.

항상 아픈 손가락이었지. 이제 그 손가락을 치유해서 부산 영도 이송도 앞바다보다 넓은 어머니 품에 풍덩 안기겠다는 김ㅇ기 선생의 아린 눈빛. 자신의 고시원에 짝지 형님이 이사 왔다며 아이처럼 좋아하는 송ㅇ욱 선생의 아이 눈빛. 나를 사랑할 줄 몰랐던 삶을 뒤돌아보니, 나를 사랑하는 이들이 많았다는 것을 느꼈다며 이제부터라도 나를 사랑해야겠다는 김ㅇ은 선생의 사랑 눈빛. 이 눈빛들을 지난 1년 동안 나는 너무 쳐다보았으니.

2.
별아, 어찌하랴
이 세상 무엇을 쳐다보리.

- 이성선 <별을 보며> 3연

마구쓰기 시간에 쓴 글을 읽는 당신의 눈빛에는, 어느 밤 카페에 올린 당신의 글빛에는, 한 방울 별빛이 맺혀 있었다. 생사이별에도 찾을 수 있도록 '왼손에 점'을 박아놓으셨다며 어머니별인 양 바라보는 조ㅇ광 선생의 별빛 눈빛. 사랑했던 여인 왼쪽 가슴에 혹시 내가 생각나면 한 번씩 보라며 공항에서 이별의 브로치를 달아주었다는 백ㅇ호 선생의 별리 눈빛1. 어머니를 하늘나라로 보내며 "그대 내 곁을 떠나 한줌의 재로 거름되었다면/난 그대 따라 가려 하늘의 비가 되어서 그대와 만나 하나의 꽃되어 피우리"라는 임○영 선생의 별리 눈빛2.

방울방울 별빛 맺혀 있는 당신들의 눈빛들. 별아, 어찌하랴. 나는 이 세상 무엇을 쳐다보리.

3.
흔들리며 흔들리며 걸어가던 거리
엉망으로 술에 취해 쓰러지던 골목에서

바라보면 너 눈물 같은 빛남
가슴 어지러움 황홀히 헹구어 비치는

이 찬란함마저 가질 수 없다면
나는 무엇으로 가난하랴

- 이성선 <별을 보며> 4, 5, 6연

20년 주방 일로 어깨근육은 다 녹아내렸어도 고시원 나이 드신 분들을 위해 칼을 다시 들었다는 오○호 선생의 무칼 눈빛. 하루하루 벽돌을 쌓는 마음으로 방통대를 지원하겠다는 황○윤 선생의 벽돌 눈빛. 지금은 정신병원에 입원한 고시원 동료에게 온 지로용지에서 자활해서 번 50여만 원 가운데 유네스코에 1만원, 다시서기에 1만 원씩 2년간 후원을 해온 사실을 알아내고는, "아름다운 사람. 산 위에 우뚝 서서 나를 보면 힘차게 달려오던 당신, 보고 싶다"며 김민기 <아름다운 사람>을 떠올린 박○일 선생의 아름 눈빛. 고시원에서 이어폰으로 줌수업을 들으며 옆방 사람들에게 방해될까 봐 질문은 못하고 듣기만 하겠다는 강○운 선생의 묵언 눈빛. "이곳에서는 얼마나 살게 될까/한 달 두 달 석 달 1년" 고시원 이삿짐을 부리고 한동안 멍했다는 유○운 선생의 멍빛 눈빛.

 2학기, 선생님들과 이성선 시인의 <별을 보며>를 암송할 때마다 우린 서로의 눈빛을 나누었다. 흔들리며 흔들리며 엉망으로 쓰러졌던 눈빛. 백지 위 쑥스럽게 내민 손에 어린 글빛. 그 빛들에 헹구어 찬란히 빛난 건 우리들의 가난이었다. 별빛! 당신들의 발광(發光)이었다.

● 김사인 편저, 『시를 어루만지다』, 비, 2019년, 52쪽.

인생은 추억으로 쪼그라든다

"인생은 추억으로 쪼그라든다"고 어느 노시인이 말했다. 나도 어느새 귀밑머리 하얘지고 목, 얼굴 잔주름 늘어가니 노시인의 혜안에 절로 고개를 주억거리게 된다. 나의 50대 흰머리와 주름을 키운 건 8할이 서울역이다. 그렇다. 2017년 13기 선생님들과의 추억으로 내 인생의 한해가 또 쪼그라들었다. 선생님들과의 추억은 말하자면 내 노후대비용 국민연금인 셈이다.

어떤 사람에 대한 기억은 특정한 장면에서 받은 인상이나 이미지로 회상된다고 한다. 평범한 기억들은 서서히 흐려지지만, 특별한 인상이나 이미지는 더욱 도드라져 기억에 박힌다. 그만큼 인상이 강렬했기 때문일 것이다. 해서 내가 늙어가면서 곶감처럼 하나씩 빼먹게 될 '쪼그라들 추억'을 소개해볼까 한다. 지난 1년간 선생님들로부터 받은 특별한 인상이나 이미지. 아직은 단감일 테지만.

아버지의 등

1학기 내내 선생님에 대한 기억은 제로였어요. 1학기 마지막 날에 열린 덕수궁백일장, 그 하루만 제외하면요. 그날 선생님은 '낯선 등'으로 홀연히 등장했지요. 아니 등단했습니다. '시계'라는 글제에서 선생님은 초등학교 교사였던 아버지를 초등학생 아이의 목소리로 불러냈지요. 숙직실에서 당직을 서던 아버지는 항상 9시에 벽시계 알람을 맞춰놓았다지요. 아버지를 따라가 학교에서 놀다 지쳐 잠이 든 아이는 커다란 벽시계 알람소리에 놀라 깼습니다. 갑자기 깨어나 캄캄하고 낯선 숙직실이 무서워 꼭 껴안았던 '아버지의 등.' 그 등에서 나는 땀 냄새와 자신의 심장소리를 발자국처럼 원고지에 꾹꾹 찍은 홍 시인.

교장 선생님

2학기 내내 선생님에 대한 기억은 제로였어요. 시 읽고 시 쓰기 수업에선 선생님을 한 번도 보지 못했으니까요. 하지만 선생님의 아이디인 '교장 선생님'에 대한 기억만은 가득합니다. 수업은 통째로 결석했어도, 카페에는 1년 개근했으니까요. 아마도 교장 선생님은 시를 외우는 것보다 나누고 싶은 글을 올리는 게 더욱 중요하고 신나는 일이었나 봅니다. 이해합니다. 다만 '권ㅇ길 선생님'이 아니라 '교장 선생님'으로만 내 기억에 남아 있다는 게 조금 아쉬울 뿐입니다. 이제 졸업하셨으니 교장 선생님으로서의 꿈 꼭 이루시기를.

후암시장 북어

후암시장 초입, 앞서가는 한 사내의 낯선 등 뒤로 낯익은 시구가 흘러나왔습니다. "밤의 식료품 가게/케케묵은 먼지 속에/죽어서 하루 더 손때 묻고/터무니없이 하루 더 기다리는 북어들······."

"어! 마 선생님 아니세요?"

그날 우리는 최승호 시인의 <북어>를 함께 암송하면서 후암시장을 헤엄쳐나와, "거봐! 너도 북어지 너도 북어지" 귀가 먹먹할 쯤 인문학 교실에 도착했지요. 그 이후로 선생님에 대한 내 기억 속엔 후암시장 북어 이전과 이후로 갈라졌습니다. 명태와 북어 사이의 거리감처럼, 아주 다른 사람으로.

노란 붓

11월 중순, 인문주간 전시할 작품을 쓰기 위해 붓글씨를 연습할 때였어요. "한글 서예에 어떤 법식은 없습니다. 선생님만의 서체를 창조해보세요." 말이 떨어지기 무섭게 등장하는 손떨림체, 주사체, 아침이슬체, 삐침체, 길바닥체……. 모두 일필휘지로 휘갈기는데 유독 한 사람, 한 글자 한 글자 정자로 붓을 곧게 세운 사람이 있었습니다. 나는 그 '일심일념체'의 서늘한 기운에 이끌려 그의 머리 위에서 내려다보았지요. 황죽처럼 '노란 붓'을.

나무

　복면시왕에서 김윤성 시인의 <나무>를 암송하자고 했을 때, 누구라 할 것 없이 그건 선생님 몫이라는 걸 의심치 않았습니다. 그 시를 끝까지 외운 분은 선생님이 유일했기 때문이지요. 게다가 <나무> 시를 암송하는 선생님의 모습에서 우리는 정말로 나무의 독백을 듣는 것 같았으니까요. "누가 나를 찾지 않는다/또 기다리지도 않는다/한결같은 망각 속에/나는 구태여 움직이지 않아도 좋다/나는 소리쳐 부르지 않아도 좋다/시작도 끝도 없는 나의 침묵은/아무도 건드리지 못한다." 복면시왕 때, 굳이 나무 가면을 쓰지 않아도 나무 같은 선생님은 "나는 하늘을 찌를 때까지/자라려고 한다/무성한 가지와 그늘을 펴려고 한다"고 마지막 시구를 암송하며 '푸른 가지'를 손 높이 치켜들었지요. 아! 그 순간 저도 "나는 나에게 황홀을 느낄 뿐이다"는 나무가 되고 싶었답니다.

가방

　13기 유일하게 개근하신 단 한 분. 그리고 교실뿐 아니라 인문학 모든 행사에 선생님 등에 업혀 따라온 그 커다란 '가방.' 마치 돌봐야 할 아가나 노모인 양 선생님 등짝에 조개처럼 달라붙은 그 가방에 뭐가 들어있을까 궁금했지만 민달팽이에게 '네 집은 어디냐'고 묻는 것 같아 그냥 삼켰습니다. 수료식 날, 선생님이 받을 개근상장을 당당하게 받아 꿀꺽 삼켰던 가방을 나는 잊을 수가 없답니다.

목발 메시

"제가 목요일마다 희망 FC 축구하러 가야 하는데 수업에 지장이 없을까요?"라고 면접 때 물었던 선생님의 질문이 아직도 생생합니다. 안 봐도 파이팅 넘칠 것 같은 축구 스타일. 공찰 때 딱 제 스타일입니다. 이런 '화끈남'들이 피해갈 수 없는 것이 부상이지요. 선생님도 예외는 아니어서 목발 짚고 따라나선 국화도 가을소풍길. 섬세하게 때론 투박하게 수많은 목발이 되어 준 학우들의 '배려'를 선생님은 가슴 깊이 고마워했습니다. 올봄 '목발 메시' 선생님의 축구 스타일은 어떻게 달라질까요? 골일까 어시스트일까? 제 눈으로 직접 확인해보렵니다.

귀천(天) 귀해(海)

1학기 글쓰기 수업 내내 굳게 닫힌 입과 무표정한 얼굴 때문에 선생님에게 다가가기 힘들었어요. 그런데 동해바다로 여름 수련회를 다녀오고 2학기 수업이 시작된 날, '어! 동해바다에서 고래를 잡아오셨나?' 선생님 자리에 '파랑고래' 한 마리가 앉아 있는 게 아니겠어요. 달포쯤 지나니 이번엔 돋보기안경을 끼고서 '파랑고래'가 한하운의 시 <파랑새>를 암송하는 겁니다. 호호, 얼마나 귀엽던지요. 끝장에는 복면시왕 때 천상병의 시 <귀천>을 암송하게 됐지요. 그런데 아뿔싸! 대머리 복면을 써야 했는데 고래 체면이 말이 아니었겠죠. 그때, "그래, 내가 망가지자. 그래야, 이 세상 소풍 끝나는 날, 가서 아름다웠다고 말할 수 있겠지." 하며 늙수그레한 대머리 파랑고래는 <귀천>을 암송했습니다. 나는 파랑고래가 들려주는 꿈 이야기에 출렁이는 파도소리를 들었답니다. '귀천 귀해.'

두 바퀴 남영동 대폿집

선생님을 떠올릴 때면 퇴근길 남영동 뒷골목 대폿집에

들어가 혼술하는, 한잔 두잔 입속으로 털어넣으며 큰 눈으로 들어오는 가난한 모든 것들 그렁그렁 받아내는, 문틈으로 들어온 비둘기에게 "너도 한잔 할래" 술 권하는, 거리생활하는 행색의 손님이 28,000원 술값을 치르자 "담배는 있냐. 으~ 담배 없이 어쩌려고" 하시며 만원을 다시 건네주는 대폿집 주모 할머니를 술잔 너머로 보고 있는, 다시 주모 할머니가 길고양이에게 생선 한 토막을 건네며 먹네 마네 실랑이하다 "이놈은 식은 건 안 먹어" 내뱉듯 던진 말을 정성스레 주워 질경 씹으며 막잔을 들이키는, 술값 8,500원 내고 얼굴 불콰해져 두 바퀴로 귀가하는…….
내 두 눈으로 본 적도 없으면서 선생님의 그런 모습이 왜 자꾸 떠오르는지 모르겠어요. 아! 그렇구나. 장소에 관한 글쓰기 숙제에서 내가 가슴 뜨겁게 훔쳐봤던 선생님 모습이네요.

길 위에서 묻다

 1학기 덕수궁백일장이 있던 날, 나는 근처를 돌아볼 겸 한 시간 전에 도착했어요. 그런데 뜻밖에도 선생님을 만났지요. 우리는 연인처럼 덕수궁 돌담길을 따라 걸었습니다. 걷는 내내 선생님은 끊임없이 내게 뭔가를 물었어요. 내용은 잘 기억나지 않지만 물을 때 선생님의 진지한 표정만은 또렷이 기억합니다. 그날 백일장에서 선생님은 '서울역 청소부'라는 제목으로 글을 쓰셨지요. 그러고 보니 2학기 백일장으로 제출한 '서울역 옷방'도 선생님 직업에 대한 글이었네요. 두 글 모두에서 거리 선생님들이 버린 쓰레기를 줍고, 거리 선생님들이 벗은 옷을 빨며 자신의 존재 이유를 묻고 있더군요. 순간 부끄러웠습니다. 그리고 깨달았어요. 그날 돌담길에서 선생님이 내게 물은 것이 아니라 물어준 거라는 사실을. 내 존재 이유를 위해, 끊임없이.

행간을 써라

2022년 3월, 글쓰기 첫 수업에서 했던 <글쓰기 일곱 제언> 중 하나가 '행간을 써라'였다. 글쓰기를 위한 글읽기란 숨은 뜻을 파악하는 '행간을 읽는 것 Read Between The Lines'에서, 글을 읽으면서 떠오르는 자신의 생각을 쓰는 '행간을 쓰는 것 Write Between The Lines'으로 넘어가야 된다는 내용이었다.

그런데 지난 1년 동안 카페에 올린 선생님들의 글들을 다 읽고 나서는 '아! 이젠 내 차례로구나.' 선생님들에게 한 제언이 부메랑이 되어 내게 돌아왔음을 느꼈다. 지난 한 해 인문학 선생님(人)과 나(人) 사이(間), 그 행간인 '인간(仁

間)'에게 무슨 일이 있었던 걸까. 자연스레 글쓰기 수업 때 한자명구로 배웠던 '이문회우 이우보인(以文會友 以友輔仁)' 이 환기됐다. 그렇다면 인간(人間) 사이의 행간(行間)인 인간(仁間)에 대해 써야겠다.

글로써 벗을 사귀다(以文會友)

3월, 우리는 자신의 이름 삼행시를 낭송하는 것으로 '글벗 신고식'을 치렀다. 하지만 이 나이에 서울역 거리에서 친구를 새로 사귀는 게 가능한 일일까. 그것도 글벗을. 봄밤, 나는 그 물음의 답을 '못과 망치' 사이(間)에서 나누는 대화에서 엿보았다.

못: 망치야, 넌 사디스트지? 늘 누군가를 때리니까.
망치: 그럼, 넌 마조히스트인가? 늘 맞으니까.
못: 아니지, 난 큐피트야. 누군가를 연결하고 결합시켜 주지

— 김ㅇ석, 〈못과 망치〉

살아오면서 어떤 이유로든 늘 누군가를 미워하거나, 누군가로부터 미움을 받기만 했을지도 모를, 그리하여 이젠 미움을 풀고 사람 사이를 연결시켜주는 못이 되고픈 걸까. 성프란시스대학에서 그 못은 인문학일 터, 글로써 벗을 사귀고 싶다는 행간의 바람을 읽었다.

친구 사이란 모름지기 믿음이 있어야 한다(붕우유신 朋友有信). 세상 돌아가는 이치를 어느 정도 몸으로 경험하고 나면 사람을 믿는다는 게 얼마나 힘든지를 알게 된다. 그래서 모름지기 친구란 이불리(利不利)를 셈하기 전 사귀었던 어릴 적 고향 불알친구이거나 학창 시절 친구라고 하는가 보다. 그래서였을까. 선생님들 글에는 철들기 전 시절에 대한 회상이 많다. 임○희 선생의 <영산홍>, 장○민 선생의 <여름방학이 싫다>, <미꾸라지 잡으러 가자>, <껌정고무신>, 이○렬 선생의 <꿈속에서 악몽>, 김○영 선생의 <시골집>, 한○희 선생의 <가오리 별곡> 등.

나이 들어 누군가에게 마음을 여는 데엔 '고백'만한 게 없을 것이다. 이○렬 선생의 <나의 가출 그리고 아버지>에선 임종도 못 지켰던 아버지에게, 최○식 선생의 <미안하

다>에선 무책임하게 떠나온 자식에게, 김ㅇ석 선생의 <미안하고 미안해서 미안하다>에선 무심했던 아내에게, 황ㅇ중 선생의 <라면>에선 자식과 아버지의 도리를 못다 한 아버지와 자식에게, 이ㅇ복 선생의 <멍청한 자식>에선 치매로 요양원에서 마지막 이별을 해야 했던 엄마에게, 모두들 당사자가 들을 수도 없는 짠한 고백을 하고 있었다.

하지만 고백을 듣는 이가 있었으니, 인문학 동기들이었다. 아마 누군가의 고백에 마음을 열고 자신들도 또 다른 고백으로 이어간 것인지도 모른다. 그러니까 실은 더 이상 들을 수 없는 고백의 대상자에게가 아니라, 읽어줄 동기에게 마음을 연 것일지도 모른다. 고백이라는 글의 도움을 빌어 마음을 튼 글벗이 되고 싶다는 행간을 나는 읽었다.

벗으로서 어진 사람이 되는 걸 돕는다(以友輔仁)

공맹이 인간의 덕성 중 으뜸으로 치는, 인간을 인간답게 하는 '어질다'는 인(仁)은 무엇일까. 나는 '공감능력'이라고 생각한다. 사람(人)과 사람(人) 사이(間)에 발생하는 다양한 생각과 감정들을 같이 느낄 수 있는 공감능력이야말로 어진 사람, '인간(仁間)'이다. 그렇다면 '글로써 벗이 된 후 벗으로서 어진 사람이 되는 걸 돕는다'는 건 우리 선생님들에게 어떤 방식으로 구체화됐을까. 다시 카페에 들어가 선생님들의 글을 자세히 읽어보았다.

'봄 첫 설레임' '여름 상큼한' '가을의 추억, 겨울 쓸쓸한'(배ㅇ호), '겨울십자가'(임ㅇ희), '어느 아픈 여름날' '중독'(장ㅇ민), '꿈' '불쌍한 연' '갈 곳이 없는 나' '우울증'(김ㅇ철), '나의 우울'(최ㅇ식), '바늘'(김ㅇ석), '글을 보면'(한ㅇ희), '그냥' 연작들(이ㅇ복), '동그란 나침판' '멈춘 시계'(박ㅇ순), '꿈'(황ㅇ중).

읽는 내내 '아픔의 변주곡'을 듣는 것만 같았다. 누구보다도 익숙한 아픔, 누구한테도 말할 수 없었던 아픔, 말할 그 누구조차도 없었던 아픔. 그런데 선생님들은 서로의 글벗이 되어 그 아픔 밑에 댓글로 또는 아픔에 화답하는 답글로 학우의 아픔을 달래주고 있었다. 글벗 학우를 넘어 아픔으로 아픔을 치유하는 환우(患友)가 되어주고 있었다. 나도 댓글과 답글을 달았지만 따라가기 쉽지 않은 공감능력이었다. 아픔의 공감이야말로 사람을 사람답게 하는 어진 사람(仁間)이 될 수 있다는 걸, 지난 1년 선생님과 나 사이 행간을 통해 배웠다.

"18기 어진 글벗님들, 당신들은 사람뿐만 아니라 동식물의 아픔까지 공감한 길 위의 어진 사람, 성프란시스의 도반이십니다. 1년 동안 정말 수고 많으셨습니다. 이제 다시 시작입니다. 행백리자반구십(行百里者半九十)."

행복의 무게

모든 물체는 무게를 갖는다. 단 행성의 대기권 안에 있을 경우에만 그렇다. 대기권 밖 무중력 상태에서는 어떤 물체라도 고유의 질량은 있지만 무게는 갖지 못한다. 지구도 우주라는 무중력 공간에서는 무게 없이 떠 있는 돌덩어리일 뿐이다. 무게는 두 물체 사이에 잡아당기는 인력에 의해 발생한다. 서로 너무 멀리 떨어져 있거나 질량이 너무 작으면 인력은 영에 가까워 무게는 존재하지 않게 된다.

그렇다면 비물질인 관념은 어떨까? 이를테면 슬픔, 비극, 희극, 웃음, 정의, 불의, 공포, 쾌락, 사랑, 미움, 이별, 만남… 같은 관념들에도 무게가 있을까? 우스꽝스럽게 들릴지 모르겠지만, 기원전 6세기 고대 그리스 철학자 파르메니데스는 자신에게 그 질문을 던졌다. 그는 세상은 여러 가지 대립쌍으로 양분되어 있다고 생각했다. 그래서 세상을 '빛-어둠, 따뜻함-차가움, 섬세-난삽, 존재-비존재….' 등의 대립쌍으로 나누어 한쪽 극(빛, 따뜻함, 섬세, 존재)을 양으로, 다른 쪽 극을 음으로 양분했다. 그러곤 양을 가벼운(긍정적) 것으로 음을 무거운(부정적) 것으로 정의했다. 밀란 쿤데라는 그의 역작 『참을 수 없는 존재의 가벼움』이란 소설에서 파르메니데스가 물었던 질문을 그의 소설 인물들을 통해 성찰했다. 쿤데라는 파르메니데스가 양분한 대립쌍에 부여한 긍정·부정에 대해선 인정하지 않았지만, '가벼운 것과 무거운 것의 대립쌍은 모든 대립들 중에서 가장 신비스럽고 미묘한 것'이라는 말로 파르메니데스의 양분법에 대해선 긍정했다. 나는 그들의 사유를 좇아 '행복의 무게'에 대한 나만의 매우 자의적인 상상을 해보려고 한다.

'정말 행복에도 무게가 있을까?' 나는 100m 높이의 빌딩 옥상에 올라가 상상 카메라 렌즈를 부착한 행복을 허공에 던져보기로 한다. 행복이란 관념도 지구상의 물체처럼 무게가 있다면 중력의 힘으로 인해 땅으로 떨어질 것이고, 없다면 하늘로 올라가거나 공중에 둥둥 떠다닐 것이다.

100m 높이에서 내 손을 떠난 행복은 잠시 허공을 맴돌더니 서서히 떨어지기 시작했다. 아래쪽에서부터 무언가가 행복을 잡아당기는 힘이 느껴진다. 90m 높이에 이르자 뾰족한 바늘에 외다리로 서서 "더 이상 오를 곳이 없다"고 감격에 겨워하는 대통령이 렌즈에 잡힌다. 5m쯤 아래로 내려가자 허공에 사다리를 받치고 그 바늘귀를 잡아당기려는 무수히 많은 국회의원들이 보인다. 그들 옆으론 대기업 총수들이 가소롭다는 듯 이들을 내려다보면서 웃음을 흘리고 있다. 이어 2m 간격으로 내려오면서 공무원과 대기업 간부들이 직급별로 서로의 머리를 밟고 허공에 서서 쓴웃음을 짓고 있다.

행복은 서서히 떨어져 지상에서 70m 높이에 다다랐다. 머리에 별을 단 군 장성들이 손에 지휘봉을 들고 발아래를 굽어보며 호령을 하고 있다. 그 옆엔 별은 달지 않았지만 화려한 옷과 장식으로 온몸을 치장한 인기 배우와 가수들이 다양한 포즈를 취하고 있다. 이어 아래로 5m 간격으로 군 장교들과 배우, 가수들이 각각 계급별·인기순 사열 종대로 허공에 매달려 헛발을 구르고 있다.

행복은 지상 40m 높이까지 떨어졌다. 그곳에선 법복을 입은 판관들과 성례복을 입은 성직자들이 근엄한 표정을 지으며 '죄'에 대한 설교를 늘어놓고 있다. 그들과 나란히 대학교수들이 독백을 하듯 허공에 대고 서로 알아들을 수 없는 혼잣말을 하고 있다. 그들 발밑으로는 고시생들과 신도들, 그리고 시간강사들이 엿과 인절미를 허공에 붙여놓고 절을 하며 기도를 드린다. 엿과 떡은 허공에 붙이기 무섭게 밑으로 떨어졌다.

행복은 계속 밑으로 떨어져 20에서 10m 사이를 지날 즈음, 초중고등학교 교사가 평범한 시민들 틈에서 퇴근을 서두르고 있다. 10에서 5m 사이엔 가난한 시인이 농부와 함께 파전을 안주 삼아 막걸리를 마시고 있다. 그리고 땅바닥에서 3m 떨어진 곳에 내 가족과 형제, 친구들이 하늘에서 떨어지는 행복을 받으려 두 팔을 뻗어 둥근 그물 모양을 하고 있다. 마침내 행복은 그들이 벌린 팔품 안으로 사뿐히 내려앉았다.

 그러나 그들 또한 3m지만 바닥에서 발이 떨어져 있기는 마찬가지다. 양팔로 받치고 있는 행복의 무게로 인해 그들은 점점 밑으로 가라앉기 시작했다. 그러자 하나둘씩 팔을 풀었다. 마침내 행복은 헐거워진 내 가족과 형제, 친구들의 팔품에서 스르르 미끄러져 땅으로 떨어졌다. 하지만 아주 바닥에 떨어지지는 않고 사람 키 높이 정도에서 멈췄다. 그리고 그 아래, 높이를 잃어버린 거리 노숙인들이 땅에 붙어 있다. 그들의 얼굴과 몸은 검게 그을려 도시 아스팔트 바닥과 잘 구별이 안 간다. 바닥에 엎어진 그들 등 위로는 행복보다 먼저 아래로 떨어진 절망, 슬픔, 이별, 외로움, 쓸쓸함, 가난, 고통, 무력감, 질병 등이 먼지처럼 쌓여 있다.

 "가장 무거운 무게는 동시에 가장 집약적인 삶의 충족 이미지이다. 무게가 무거울수록 우리의 삶은 더욱더 땅에 가깝다. 그것은 더욱더 실제적이고 참된 것이 된다"고 밀란 쿤데라는 『참을 수 없는 존재의 가벼움』에서 말했다. 그럼 노숙인들 등 위로 무겁게 쌓인 것은 우리 삶의 실체와 가장 근접해 있는 참된 것일까? 역으로 위로 올라갈수록 삶의 실체와는 멀어져 거짓된 것인가? 그래서 행복은 가장 집약적인 삶의 충족을 위해서 바닥 가깝게 떨어진 것일까?

의사의 실체는 환자의 고통 속에서, 승자의 실체는 패자의 떨군 고개에서 더욱 선명하게 드러나는 법이다. 행복의 실체도 행복할 때보다 불행할 때 가장 선명하게 드러나기 마련이다. 그러니까 행복은 자신의 '참 행복'을 찾기 위해서 바닥에 쌓인 절망과 슬픔, 외로움과 쓸쓸함 곁으로 내려온다. 그것들을 통해 행복은 집약적인 삶이라는 충족한 몸을 입는다. 땅에서 멀어질수록 행복은 삶에서 멀어진다. 웃음은 풍선처럼 하늘로 하늘로 오르다 터져버리는 한없이 가벼운 것의 상징이다.

그럼 왜 행복은 아주 떨어지지 않고 키 높이로 바닥에서 떨어져 있을까? 그건 아마도 숲속에 있을 때는 숲의 실체를 볼 수 없듯이 바닥에선 바닥의 실체를 볼 수 없기 때문일 것이다. 적어도 몸을 일으켜서 보아야 바닥의 실체가 드러난다. 더불어 바다 근처까지 내려와 있는 행복도 눈에 들어올 것이다. 내가 서울역에서 경험한 '키 높이 행복'은 바로 성프란시스 인문학대학을 통해서였다. 나의 인문학은 높은 관념의 꼭대기에서 바다 근처까지 내려와 마침내 삶이라는 충족한 몸을 입었다. 나의 인문학은 성프란시스 선생님들에게 베개나 등받이 정도에 불과할지 모른다. 하지만 그것으로 인해 그들의 몸은 바닥에서 떨어졌다. 떨어진 몸에서 바닥을 볼 수 있는 키 높이 시야가 확보됐다. 눈높이로 더욱 실제적이고 집약적이며 충족한 삶의 형태로 가라앉은 행복을 잡을 수도 있다.

아! 이제야 알겠다. 절망과 슬픔, 쓸쓸함과 외로움이 바닥에서 일어설 때 행복은 찬란하게 제 실체를 드러낸다는 것을. 무거운 것은 모두 가라앉는다. 그렇다. 행복은 무거울수록 땅에 가깝다.

학장님, 우리들의 학장님

5년 전, 나는 성프란시스대학 학장으로 곽노현을 처음 만났다. 성프란시스대학은 2005년도에 설립된 뒤 10여 년 간 기업 후원으로 운영됐다. 그러나 후원 기업이 외국회사에 합병되면서 후원이 끊기고 말았다. 어렵게 마련한 학교 강의실은 월세를 감당하지 못해 어쩔 수 없이 서울시 소유 서울역 무료진료소 건물 한켠으로 옮겨 더부살이를 하게 되었다. 학교는 운영에 관한 여러 어려움을 타개해줄 외부 전문행정인의 필요성을 절감했다. 그렇게 해서 온 분이 곽노현 학장이다. 급료는 말할 것도 없고 활동비 한 푼 줄 수 없는, 그런데도 시간과 열정과 경륜을 곱으로 쏟아내야 하는 '바보 학장직'을 그는 흔쾌히 수락했다.

학장으로 부임하자마자 그는 "후원인 모집에 총력을 기울입시다" 하더니, 실제로 해마다 후원 수를 배로 늘려 5년 만에 정확히 다섯 배로 만들었다. 하늘은 스스로 돕는 자를 돕는다고 했던가. 성프란시스대학 개교 15주년 기념으로 졸업한 선생님들 글을 묶어 만든 문집책 『거리에 핀 시 한 송이 글 한 포기』가 2021년에는 제70회 서울시문화상을 수상하기도 했다. 학교 구성원들이 감격에 겨워할 때도 그는 감동에 머물지 않고 학교운영에 연계해 큰 그림을 신속하고 정확하게 그려내놓았다. 그가 구상한 대역사(大役事)는 문집책에서 57편을 선정해 민예총 소속 화가 5명의 재능기부로 삽화를 그려 2022년 9월 26~30일, 국회의원회관 2층 로비에서 '거리에서 움튼 글, 그림으로 피어나다'라는 제목으로 시화전을 개최한 것이다. 학교 구성원이 총동원돼 성프란시스대학 20년 역사의 한 장을 쓴 국회 시화전을 통해 서울역 거리 선생님들은 다시 일어섰다.

성프란시스대학 설립자인 임영신 성공회 신부는 오랜 노숙인 사목을 통해 당장의 의식주를 돕는 것으로는 노숙인이 거리생활을 청산하는 경우를 거의 보지 못했다고 했다. 오랜 경험과 성찰 끝에 그가 내린 결론은 '자존에 대한 물음과 성찰'만이 바닥에 널브러진 자신을 스스로 일으켜 세울 수 있다는 것이었고, 그 물음과 성찰은 인문학이었다. 바로 서울역에 성프란시스대학이 설립된 이유다.

지난 18년 동안 나는 글쓰기라는 거울을 들이대며 거리 선생님들에게 자존(自存)에 대한 물음과 직면하도록 했다. 그 힘든 성찰 과정을 통과해야만 자존(自尊)이 회복된다는 설립자의 믿음에 공감했기 때문이다. 그런데 곽노현 학장님의 접근 방법은 나와 달랐다. 그는 묻지도 성찰하기도 전에 '환대'로 거리 선생님들에게 다가갔다. 한 사람 한 사람 이름을 호명하고, 다가가 이야기를 나누고, 밤늦도록 소주잔을 기울이며 함께 노래를 불렀다.

홈리스Homeless의 본질은 집이 없는 하우스리스Houseless가 아니라, 가족, 친척, 친구, 사회, 직장, 이웃 등 모든 관계로부터의 단절로 인한 존재 이유의 상실이다. 어쩌면 이들을 거리로 내몬 것은 관계 단절에 의한, 어디서도 받지 못하는 '환대'일지 모른다. 학장님의 환대가 서울시교육감 시절 국가가 박탈해간 학생인권을 되찾아주려 학생인권조례를 제정한 것처럼, 자본주의 사회구조 자체가 이들로부터 원천적으로 박탈해간 인권을 되찾아주려는 신념에서 우러나온 것인지 나는 모르겠다. 삼성, 국정원, 검찰을 상대로 머리 디밀고 싸웠던 '최약자를 법의 보호 아래' 두려는 그의 소신의 일환으로 나온 것인지는 더더욱 모르겠다. 다만 나는 지난 5년 동안 서울역 노숙인 선생님들에게 환한 얼굴로, 20대 청년 같은 생기로, 오랜 벗처럼 다가간 그의 환대를 보며 '학장님, 우리들의 학장님' 곽노현을 보았을 뿐이다.

이런 졸업식 보셨나요?

우리 학교는 격월로 웹진을 발행해 후원자들에게 학교 소식을 꾸준히 알리고 있다. 하지만 졸업식만 되면 지면으로 알리는 것을 넘어, 현장에서 나누었으면 하는 아쉬움이 진하게 남는다. 그만큼 성프란시스대학 인문학 과정 졸업식엔 소중한 사람들과 나누고 싶은 '무엇'이 있다. 그래서 당신이 현장에 초대된 듯한 느낌이 들도록 졸업식 풍경을 묘사해보려 한다. 이를 통해 우리 학교를 좀 더 섬세하게 들여다볼 수 있기를 희망하며.

지난 2024년 2월 21일, 성공회대학교 성미카엘성당에서는 성프란시스대학 인문학 과정 19기 졸업식이 열렸다. 작년 3월 27일, 대한성공회 주교좌성당에서 치러진 입학식에서 선서를 한 17명 중 13명이 수료를 했다. 수료생 13명은 1년 6과목 90강 180시간 중 120시간(2/3) 이상 출석한 분들이다.

입학식과 졸업식 장소에서 드러나듯 성프란시스대학은 대한성공회가 그 모태다. 설립자이자 초대 학장은 다시서기종합지원센터장이자 성공회 신부인 임영인 신부다. 명예총장은 3, 4대 성공회대학교 총장을 역임한 대한성공회 주교인 김성수 주교다. 이런 연유로 입학식은 대한성공회 주교좌성당에서, 졸업식은 성공회대학교 성미카엘성당에서 각각 치른다.

학교명 성프란시스대학은 13세기 이탈리아 아시시의 프란치스코 수도회를 설립한 프란치스코 성인의 영문 이름을 본떠 설립자인 임영인 신부가 지었다. 개심한 이후 모든 기득권을 버리고 가난한 이들의 친구로 산 프란치스코 성인의 구도자적 삶을 학교의 설립 취지로 삼았다고 한다.

2024년 2월 21일(수요일) 오전 9시, 비가 부슬부슬 내리는 성공회대학교 성미카엘성당은 학무국장과 센터 실무자들, 그리고 자원활동가들의 졸업식 준비로 분주하다. 학사가운과 학사모를 쓴 졸업생들은 학무국장의 지시하에 몇 번의 리허설을 반복한다. 아래층에선 두드림 단원들의 축하공연 연습 소리가 간간히 들려온다. 축하객으로 동문들이 하나둘씩 들어오는데, 평일 오전이라 참석 수가 적다. 서울시 관계 직원도 몇 분 보인다. 11시, 축하객과 내외빈이 참석한 가운데 대표 교수인 안성찬 교수의 사회로 졸업식이 시작됐다. 내빈석에도 성프란시스대학 교수 네 분이 자리하고 있으니, 이 기회에 자랑을 좀 해도 괜찮을 것 같다.

2년 전 서울대 정년퇴임을 한 안 교수는 다섯 교수 중 맏형이다. 독문학을 바탕으로 독일지성사를 전공한데다 훤칠한 키에 당당한 체형, 부리부리한 눈과 큰 코, 카키색 버버리 차림의 모습은 첫눈에도 <누구를 위하여 종은 울리나>에서 열연했던 게리 쿠퍼를 떠올릴만큼 용모가 뛰어나다. 이성과 지성으로 제련된 중후한 톤의 말을 받아 적으면 그대로 글이 되는 안 교수는, 16년째 문학·철학 교수로 성프란시스와 함께하고 있다.

한국사 담당 박한용 교수는 한국독립운동사 전공자로 민족문제연구소 연구실장으로 재직 시 『친일 인명사전』 편찬을 주관한 분이다. 전공과 경력에서 느껴지듯, 차돌멩이처럼 단단한 사람이다. 그런데 그는 이런 지사적 면모뿐 아니라 타고난 풍류객으로서의 면모도 유감없이 발휘한다. 한시, 한국시, 영시를 줄줄 암송하고, 장소와 때를 불문하고 전통 트로트 두세 곡쯤은 그냥 불러제낀다. 몇 잔 술에 얼큰해지면 여인의 한 서린 <진주난봉가> 긴 사설이 분틀에서 국수 가락 나오듯 끊임없이 줄줄 이어지고, 낭창한 <창부타령> 가락을 엿가락처럼 늘였다 줄였다 마음 내키는 대로 흥겹게 불러제끼기도 한다. 성프란시스 인문학 1기부터 참여해 19년째 함께하고 있는 창립 멤버로, 80년대엔 야학교사로 20대 푸른 시절을 보낸 행동하는 역사학자다.

예술사 담당 김동훈 교수는 '공부가 제일 쉬었어요'라는 말이 떠오를 만큼 공부가 취미요, 공부가 특기이며, 공부가 일상의 행복인 사람이다. 서울대 법학과를 졸업하고 총신대학교에서 신학석사를, 다시 서울대에서 미학학사를, 독일에서 하이데거로 철학박사를 취득한 공부박사다. 영어, 독일어, 불어, 라틴어, 이태리어, 스페인어 등 유럽어에 능통한 언어천재다. 지독한 공부벌레인 건 맞지만, 그는 20대부터 우리 사회 소외된 자들을 위한 봉사활동에 청춘을 불사른 순열 행동주의자다. 독일 유학 시절엔 분데스리가 축구 칼럼을 쓸 정도로 전공 불문(不問) 미학자, 김 교수는 17년째 성프란시스와 함께하고 있다.

김응교 문학 담당 교수는 시인이자 비평가이며 숙명여대 교수로 재직하고 있다. 성프란시스와 함께한 지는 3년밖에 안 됐으나, 한국문화예술위원회에서 주관하는 노숙인을 위한 '민들레문학교실'에 4년 동안 참여했으며, 일본 유학 시절과 와세다대학 객원교수 시절에는 오사카와 도쿄 등지의 공원 홈리스들을 돌보는 봉사활동을 했다. 그 외에도 우리 사회 소수자들을 위한 봉사활동을 꾸준히 해온 터라, 성프란시스와의 만남은 예견된 운명일지도 모른다. 자신의 시 <냄비>처럼 김 교수는 '수명 다할 때까지 군소리

없이 모든 것을 담아 끓여내는' 냄비 같은 사람이다.

  이분들과 나는 인생에서 가장 여물었던 50대를 온전히 함께 보냈다. 매월 1회 인문학 회의를 마치면 우린 함께 저녁을 먹고 간단하게 맥주 한 잔을 나눈다. 두어 시간 가벼운 담소 자리인데도, 대화가 시작된 지 이삼십 분 지나면 어김없이 주제는 문사철 중 하나로 모아진다. 한 잔이 두 잔 되고 두 잔이 세 잔 될 즈음, 대화는 어느새 '동서 문명사'로 확대돼 있다. 머리와 가슴이 벌게질 무렵 "미안하지만 막차 시간 때문에 저는 일어서야 할 것 같습니다"고 나는 찬물을 끼얹는다. "그러면 우리도 일어서지요." 여느 때처럼 백과사전 어느 장에 갈피를 접고 우린 헤어진다. 그런데 그날은 그것으로 식을 대화 향연이 아니었던가 보다. 안성찬 교수와 박한용 교수는 어느 심야 카페를 찾아 다시 자리를 잡았고, 귀가 중이던 김동훈 교수에게 전화해 당장 택시 타고 돌아오도록 명을 내렸다. 그렇게 '소크라테스, 크리톤, 파이돈'은 다시 재회를 하고 밤을 새워 동서 문명사 대화 향연을 이어갔다. 우리는 그 사건을 '위화도 회군'이라 명명했다. 이들이 내가 존경하는 친구요, 동지다.

"쫓아낼 때까지 이 학교를 떠나지 않을 겁니다." 김동훈 교수가 말했고, "저도요." 성프란시스 18년 차인 내가 맞장구쳤다. '어떻게 사는 길이 바른 길인가?' 생각의 끝은 늘 길에 닿아 있는 이들은 나의 도반(道伴)이다.

내외빈 소개에 이어 성프란시스 명예총장 김성수 주교님이 축사를 위해 단상에 오른다. 십수 년 동안 한 번도 거르지 않은 졸업식 축사 시간에 맞추려고 강화 집에서 새벽에 나섰단다. 94세 노구의 몸을 끌고 단상에 오르는 몇 걸음의 길이 그가 걸어온 인생길의 축소판처럼 보였다. 작년엔 지팡이를 짚고 올랐는데, 올해엔 더디지만 누구의 도움 없이 자신의 두 발로 오른다. 총장님 축사엔 언제나 빠지지 않는 말씀이 있다. "여러분, 1년 동안 훌륭한 교수님들로부터 잘 배웠지요. 이젠 배운 걸 남 주세요." 주교님은 성공회대학교 총장 외에도, 1974년 국내 첫 발달장애인 특수학교인 성베드로학교 초대 교장을 지냈다. 이 학교를 졸업해도 살길이 막막한 발달장애인들의 현실을 보고선 1999년 선조에게 물려받은 강화군 길상면 땅을 기부해 발달장애인 직업재활 겸 요양공동체 '우리마을'을 설립했다. 그러고선 지금까지 우리마을 촌장 자리를 지키고 있다. 가난한 이들 곁에 자신의 한 생을 내어준 그는 살아 있는 프란치스코다.

총장님 축사에 이어 학장님이 씩씩하게 단상에 오른다. 10여 년 이어오던 기업 후원이 끊기면서 닥친 재정 어려움을 타개하고 운영 면에서도 전문행정인의 필요성이 제기되어 이곳에 온 곽노현 학장님. 진보 교육감이자 지금도 재야의 여러 시민 교육단체들의 장으로, 일원으로, 교육 제반 문제들에 대해 고민하고 개혁 방안을 모색하며 행동으로 실천하는 진보 교육자다. 칠십 나이가 무색하게 청년 정신으로 무장된 그는 거리 노숙인 인문학 과정의 존재 의미와 발전 방향에 대해 쉼 없이 생각하고 기획하며 열정적으로 추진한다. 밝고 활달한 기운으로 충만한 그의 축사는 처진 우리 어깨를 단박에 북돋운다. 곽노현 학장님은 성프란시스의 치어리더Cheerleader다.

축사에 이어 오늘의 하이라이트, 수료증 증정식이 진행된다. 졸업생은 20대부터 60대까지 연령층이 다양하다.

다들 태어나 처음 입어본 학사가운이 낯설어 설레면서도 긴장한 표정이다. 안 교수님이 대독한 수료증을 김성수 총장님이 수여하고, 곽노현 학장님은 꽃다발을 안겨주며, 여재훈 신부님은 선물을 준다. 그러곤 일렬로 도열한 네 분 교수님과 포옹을 한다. 이 순간들을 놓칠세라 자원활동가들은 사방에서 셔터를 누른다. 박수소리 잦아들 즈음, 19기 대표 한상규 회장이 단상에 올라 졸업생 답사를 한다.

"1년이 이렇게 후딱 갈 줄 알았다면……."

졸업식 전 마지막 운영위원회 때, "박 교수, 공로상, 개근상, 이런 뻔한 상장 말고 이참에 참신한 걸로 한번 지어 봐요. 문구도 함께." 학장님 명이 떨어졌다. 명을 받들어 나는 출석률이 우수하고 학업과 교내외 활동에 참여도가 높은 여덟 분을 선정해, 각각 기여한 성격에 맞는 상장명과 문구를 지었다. 그리하여 간단한 상품과 함께 세상에서 하나밖에 없는 상장 수여식이 열렸다.

꼬박꼬박 상

김○섭

위 사람은 2023년 성프란시스대학 인문학 과정 1년 동안 시행된 6과목 90강 180시간을 한 번도 빠짐없이 꼬박꼬박 참석하였습니다. 그 성실함을 기리어 이 상을 수여합니다.

어머니 밥상

김○진

위 사람은 2023년 인문학 19기 총무로서 맡은 소임을 성실히 수행했을 뿐만 아니라, 어머니 같은 손길로 저녁 한 끼를 지어 우리 모두를 밥상으로 모았습니다. 덕분에 우리는 한식구처럼 느껴졌고, 몸과 마음이 더욱 건강해졌기에 이 상으로 감사한 마음을 전합니다.

상상(想賞)

원○희

위 사람은 좁은 방, 좁은 교실, 열악한 일상환경 속에서도 우주적 상상으로 자유와 해방을 향한 꿈의 나래를 펼쳐 보여, 움츠렸던 우리의 어깨가 펴지도록 했습니다. 감사한 마음을 이 상에 담아 전합니다.

문재(文才) 있는 상

김○겸

위 사람은 글의 형식과 내용에 구애됨 없는 마구쓰기를 통해 자신 안에 잠재된 문재를 발견하고 이를 발현시켰습니다. 그의 글로 우리의 마음이 한결 맑아지고 자유로워졌기에, 감사의 마음을 이 상에 담아 전합니다.

진실 상

강○문

위 사람은 인문학 1년 동안 학업과 동기를 대하는 데 있어서 모든 언행이 진중하고 신실해 우리 모두의 마음을 고요하게 했습니다. 감사한 마음을 담아 이 상을 수여합니다.

뒷바라지 상

한○규

위 사람은 2023년 19기 회장으로 우리들의 손발이 되어 좋은 면학분위기와 동기 간 친교와 단합을 위해 몸과 마음을 다해 봉사하였습니다. 감사의 마음을 이 상에 담아 전합니다.

빵과 장미 상

김○구

위 사람은 빵보다는 장미의 소중함만을 가르쳐온 인문학을 향해, 빵에 대한 기본 인권의 간절함을 외쳐 우리의 편협함을 깨우쳐주었습니다. 감사한 마음을 이 상에 담아 전합니다.

해맑은 상

조○재

위 사람은 어려운 생활환경 속에서도 항상 맑고 밝은 표정으로 수업에 임하고 동기를 맞이해, 저녁 교실이 낮처럼 환해지도록 했습니다. 그의 앞날이 그의 얼굴 표정처럼 해맑게 빛나기를 기원하는 마음을 담아 이 상을 수여합니다.

박수와 웃음이 뒤섞인 상장 수여식이 끝나고 바로 이어 성프란시스대학의 자랑 '두드림Do Dream' 풍물패의 축하 공연 마당이 펼쳐진다. 올해로 무려 17년째 이어지고 있는, 전 세계 유일무이한 노숙인 연희패다. 이젠 졸업생과 실무자들 그리고 이웃 주민이 한패로 어우러져, 성프란시스대학의 과거 현재 미래를 걸어온 길과 걸어가야 할 방향을 상징적으로 보여주고 있는 것 같아 대견하다. 객석의 흥분을 이어가려는 듯 흥겨운 민요로 앞머리를 열더니만 삼도(영남, 호남좌우도, 충청경기웃다리) 가락 중에서 부분 부분을 뽑아 새롭게 짠 일명 '서울역 가락'을 신바람 나게 연주한다. 거리의 인문학 꿈을 두드리는 신명에 우리 모두의 엉덩이가 들썩들썩거린다.

마지막으로, 모두 일어나 교가를 부른다. 교가는 인문학 3기 때 철학 과목을 가르쳤던 서울대학교 김문환 교수가 젊은 시절 크리스천아카데미에서 일할 때 지은 가사에 곡을 붙인 노래다.

모두 한걸음 더 나가자, 모두 한걸음 더 나가자
낡은 것은 버리고 손에 손을 잡고 나가자

온 세상을 두루 다니며 더욱 많은 것을 배운다
새로 만난 많은 것 마음으로 함께 배운다

세상 냉정하고 거치나 내게 힘과 사랑 주소서
노래하며 춤추며 이 길 따라 가게 하소서

(후렴)
낡은 것은 모두 벗어 버리고 손에 손을 잡고
나가자

'낡은 것은 모두 벗어 버리고 손에 손을 잡고 나가'기 위해 19기 졸업생 열세 분은 머리 위로 학사모를 힘차게 던졌다.

서울역 연가(戀歌)

1
모기야 그만 빨아라. 취하겠다.

2
서울역 광장을 지나 인문학 교실 가기 전 횟집 수족관
바닥의 가재미를 보고 있었다.
"볼 거 뭐 있어? 너도 누워봐" 바닥에 누운 가재미
한 마리가 내 뒤통수를 후려친다.
벌러덩 바닥에 누우니 내 눈이 한쪽으로 쏠렸다.

3

출근길

값도 없는 무가지가

지하철 선반 위에 하나씩 하나씩

앉는다. 그것도 자리라고.

출근길

값도 없는 무가지가

지하철 선반 위 무가지를 하나씩 하나씩

수거한다. 그것도 일자리라고.

출근길

지하철보다 빠르게

무가지가 무가지를 잡으러 한칸씩 한칸씩

달려간다. 그것도 경쟁이라고.

4

나는 하늘에서 뚝 떨어졌다. 떨어지자마자 하염없이 낮은 곳으로만 흘러갔다. 흘러흘러 마침내 고인 곳, 서울

역사 바닥. 나는 단 한 번도 이렇다 할 명함을 가져본 적
이 없다. 비정규직이었으며 일용직이었고 무직이었다.
형태도 없이 퍼질러진 물이었다.

5

불볕더위를 피해 한 떼의 피라미들이
바위그늘 속으로 들어왔다.

그렇게 숨죽이며 또 하루를 죽이면
생을 거슬러오를 수 있겠느냐.

떠내려가지 않으려
서울역 한켠
한 무리 피라미 떼가 어둠으로 들러붙었다.

6

바닥에 멍석을 깔고 병풍을 세우고
이젤과 줄로 우리의 그림과 사진과 글을 걸어

주위를 둘렀더니

광장이 마당이 되었다.

누구는 전시물을 보고

누구는 공연을 하고

누구는 박수를 치고

누구는 춤을 추었지만

모든 시선이 마당 안으로 둥글게 모였다.

공연이 끝나고 마당은 다시 광장으로 흩어졌지만

흩어질 필요 없는 사람들이

서로의 집이 되어 마당을 쪼개고 있었다.

안방

건넌방

헛간

뒷간

부엌

장독

꽃밭
….

7
풀죽지 마라
검푸른 살과 피
광장햇살에, 아직
뜨거우니.

풀죽지 마라
파닥거리는 생의 비늘
역사 달빛에, 아직
영롱하니.

8
내가 무너져 한없이 무너져
네 높이가 일어설 수 있다면
나는 엎어진 바닥이어도 좋겠다.

내가 가라앉아 한없이 가라앉아

네가 물 되어 흐른다면

나는 발 묶인 돌멩이어도 좋겠다.

내가 더러워 한없이 더러워

네 얼굴이 맑아질 수 있다면

나는 더러운 걸레여도 좋겠다.

내가 부서져 한없이 부서져

네 살이 차오를 수 있다면

나는 한 주먹 재여도 좋겠다.

내 살이 찢어져 한없이 찢어져

네 사슬이 풀릴 수 있다면, 그래

나는 십자가 말뚝에 매달린 비참한 인간이어도 좋겠다.

9*

내가 너의 어둠을 밝혀줄 수 있다면

골목 모서리 한 모퉁이 비추는
백열등이 되어도 좋겠네.
마지막이라고 주저앉은 너에게
작은 길 하나 비춰주겠네.
내가 너의 아픔을 만져줄 수 있다면
덕장에 퀭하게 매달려 말려지는
한 마리 명태가 되어도 좋겠네.
어느 새벽녘 두들겨 맞아가며 아픈 네 속 풀어주는
뚝배기 맑은 술국이 되겠네.

그럴 수 있다면 그럴 수 있다면
내 가난한 살과 영혼을
모두 주고 싶네.

내가 너의 기쁨이 될 수 있다면
휘몰이 가락으로 부서지는
꽹과리가 되어도 좋겠네.
너의 신명 쫓아다니며

쇳소리로 화답해 주겠네.

내가 너의 희망이 될 수 있다면
높이로 서 있는 바위가 되어도 좋겠네.
처진 네 어깨 뒤로 떨군 네 시선 위로
주먹 쥐고 불끈 항상 거기에 솟아
너의 높이를 일으켜주고 싶네.

그럴 수 있다면 그럴 수 있다면
이토록 더운 사랑 하나로
네 가슴에 묻히고 싶네.

그럴 수 있다면
그럴 수 있다면
네 삶의 끝자리를 지키고 싶네.

- 9번 시는 백창우 작곡 작사, 김광석이 노래한 〈내 사람이여〉에서 노랫말의 기본 패턴을 차용했다.